SUJETS

DE COMPOSITIONS

FRANÇAISES.

ON TROUVE

A LA MÊME LIBRAIRIE :

Cours d'ORTHOGRAPHE et de PONCTUATION, ou Nouvelle Grammaire simplifiée, du même auteur ; ouvrage dont les SUJETS DE COMPOSITIONS forment le complément et la seconde partie.

SUJETS

DE

COMPOSITIONS

PROPRES à inculquer facilement les principes de la
langue française sous le rapport 1° de la concordance
des mots ; 2° de la déclinabilité des Participes ; 3° de
la prononciation, conforme à l'accent et à la quantité ; 4° de la ponctuation, dont les règles sont
applicables tant à la langue parlée, qu'à la langue
écrite,

PAR M. BOINVILLIERS.

> L'exposition des fautes dans une langue vivante est
> plus utile encore que les préceptes ; car il importe
> moins d'indiquer le chemin qu'il faut suivre, que de
> signaler les écueils qu'il faut éviter.
>
> GINGUENÉ.

PARIS,

DE L'IMPRIMERIE D'AUGUSTE DELALAIN,

LIBRAIRE-ÉDITEUR, rue des Mathurins-St.-Jacques, n° 5.

M DCCC XXXI.

Le soussigné, éditeur et propriétaire unique de tous les Ouvrages de M. Boinvilliers, désignés ci-dessous, déclare qu'il en poursuit et continuera d'en poursuivre, suivant toute la rigueur des lois, les contrefacteurs et les débitants des contrefaçons. Il désigne principalement comme contrefaits, le *Manuel Latin* et la *Cacographie*.

Toutes les éditions desdits Ouvrages sont revêtues de la griffe ci-dessous.

Auguste Delalain

Abrégé des Antiquités Romaines; in-18.

Abrégé du Traité des Études de Rollin; in-12.

Apollineum opus; in-12.

— Corrigé du même; in-12.

Cacographie; in-12.

— Corrigé de la Cacographie; in-12.

Cacologie; in-12.

—Corrigé de la Cacologie; in-12.

Cours Pratique de la Langue Latine, *ou* Recueil de Thêmes inédits pour les Classes de Cinquième et Quatrième; 2 vol. in-12.

Classe de Cinquième; in-12.

—Corrigé latin de la même; in-12.

Classe de quatrième; in-12.

—Corrigé latin de la même; in-12.

De Viris illustribus Romæ, latin seul; in-18.

—Les mêmes, avec traduction en regard; in-12.

Dictionnaire des Antiquités Grecques et Romaines, de Furgault; in-8°.

Dictionnaire des Commençants, français-latin; in-8°.

Dictionnaire des Commençants, latin-français, in-8°.

Dictionnaire portatif des Rimes; in-16.

Dictionnaire universel des Synonymes de la Langue Française; in-8°.

Fables de Faërne, latin seul; in-12.

— Les mêmes, avec traduction en regard; in-12.

Fables de Phèdre, latin seul; in-12.

—Les mêmes, avec traduction en regard; in-12.

Gradus ad Parnassum; in-8°.

Grammaire Française simplifiée, *ou* Cours d'Orthographe, etc.; in-12.

—Corrigé des Sujets de Composition de la Grammaire Française; in-12.

Grammaire Latine; in-12.

Grammaire Raisonnée; 2 vol. in-12.

Manuel des Enfants et des Adolescents; in-12.

Manuel des Étudiants; in-12.

Manuel Latin; in-12.

— Corrigé du même; in-12.

Mémorial latin; in-12.

Petit Vocabulaire du bon et du mauvais Langage; in-16.

Vocabulaire portatif de la Langue Française; in-16.

SUJETS
DE COMPOSITIONS.

~~~~~

CHAPITRE PREMIER.

PARTICIPES.

Il ne suffit pas d'avoir appris la grammaire, il faut (1) encor savoir faire l'application des règles qu'on y a étudié. — Y a t'il bien des gens qui puissent se flatter de connaître leur langue, bien même qu'ils l'ayent appris ? N'y en a t'il pas , au contraire, beaucoup qui ignorent même l'ortographe qu'ils ont étudié dans un grand nombre de livres ? — Je connais bien des gens qui, tous instruits qu'ils paraissent, violent sans cesse les règles des participes, qu'on leurs a cependant enseigné. — Quoi de plus imposant qu'une assemblée d'hommes libres qui se sont réuni pour discuter leurs intérêts, assis sur la terre qui les a vu naître, qui les nourrit , et qu'ils ont défendu contre le joug de la domination ? — L'histoire , l'épopée, la comédie , le drame et le

---

(1) On rencontrera dans ce premier Chapitre un assez grand nombre de fautes d'orthographe , outre celles qui s'y trouvent contre la théorie des Participes ; on est invité à les corriger toutes sans exception.

SUJETS DE COMP.

vaudeville se sont disputés l'honneur de célébrer les actions , les sentiments et mêmes les plaisirs du bon Henri IV. — Grace à la fermeté qu'a montré le Capitan-Pacha , les troubles de l'Egypte sont cessé, et les beys , malgré les intrigues dont on les a entouré , ont promis de ne s'écarter en rien des promesses qu'ils ont envoyés à Constantinople. — Demetrius délivra Athene du joug qu'on lui avait imposée , et chassa la garnison qu'y avait mis Demetrius de Phalère. — Sa majesté a adopté tout de suite les mesures qu'elle a cru convenables pour le maintien de l'ordre dans ses vastes états. — Comment décrire les funestes ravages qu'un seul instant a accumulé sur l'infortunée ville de Leyde ? — Sans parler des orateurs celebres que la ville d'Athene a produit , que de grands hommes en tout genre elle a vu naître dans son sein ! — L'histoire est une vaste mer ; l'auteur dont je parle l'a resserré dans de justes bornes : c'est une carriere tellement étendue ; que les personnes qui l'ont parcouru avec le plus d'attention , oublient aisément les objets infinis qui les ont frappé. — La religion qu'on a persécuté avec le plus grand acharnement , s'est relevé comme un ressort se relève , dès que la force qui le comprimait s'est retiré. — Le jour de la représentation de cet ouvrage , il obtint beaucoup plus d'applaudissements que jamais auteur n'en avait reçus sur aucun théâtre. — Que d'illustres conquérans que personne n'a célébré ! On les a plaint de n'avoir eu ni poëtes ni historiens. — Malgré la prétention que le siecle dernier a montré à l'esprit universel , on peut assurer que l'étude d'une science suffit pour absorber les méditations d'un homme. — On dit que les sots peuvent bien retrouver les expressions qui les ont frappé, mais comment retrouveront-ils les idées que leurs âme n'a point eu ? — Lorsqu'ils eurent conclus la paix qu'ils avaient tant désiré, ils firent de nouvelles conquetes pour reparer les pertes qu'ils avaient fait eux et leurs alliés. — Les poësies qu'il a composé dans son exil n'ont ni la grace ni la chaleur qu'on a admiré dans ses autres ouvrages. — Ouvrez à cette jeunesse docile qu'on a laissé trop long-temps sans instruction, ouvrez lui, dis-je, ces sources abondantes que nous ont fourni les plus grands écrivains de Rome et d'Athene. — Faites passer en revue devant nous les Alexandres, les Césars et tous les heros qu'a produit l'antiquité, pour que nous les comparions aux grands hommes que la France a vu naître. — On sait assez quelles peines la sagesse du roi et du ministère a eu pour calmer toutes ces querelles aussi odieuses que ridicules. — Un ami nous a mandés depuis peu, que le dey d'Alger travaille sans relache à réparer les pertes qu'il a souffert par le bombardement des Anglais. — On leur avait conseillé de présenter une requête au juge qui les a condamné ; mais assurement on les avait mal conseillé. — J'estime après tout que ce sont là des fautes dont elles ne se sont pas soucié. — Pourquoi, dit cette mere à sa fille, pourquoi m'avez-vous laissé ignorer les constestations qui se sont élevé entre vous et votre mari ? je les aurais vuidé à la satisfaction de l'un et de l'autre. — Quelle matiere le siecle dernier n'aurait-il pas offert à la verve satirique de Boileau ! Combien de mauvais écrivains, de viles charlatants n'aurait-il pas eu à railler, à confondre! Combien de réputations n'aurait-il pas renversé! — Les mémoires que je vous ai envoyé, mon ami, dattent de mille sept cent quatre vingt onze; ils ont parus dans une circonstance facheuse, ce qui n'a empeché neanmoins que les éditions qu'on en a fait, se soient succedés rapidement. — Plus la nation française acquiere de puissance et de gloire, plus elle doit mettre d'intéret à connaître l'histoire des temps qui l'ont précédé. — Nous nous applaudissons d'avoir fait revivre des mémoires très curieux que la révolution avait enseveli dans une sorte d'oublie absolue. — Cette actrice s'est laissé persuader que, pour donner plus de force et de dignité au débit, il faut enfler le gozier, et grossir la voix. — Je rouvre la plus grande plaie qu'ait jamais fait au genre humain le glaive des persécuteurs. — Tu vois cet astre qui va finir son cour; que de biens, depuis son aurore, n'a t'il pas fait à la nature! — Les loix humaines commencent et finissent avec les empires qui les ont vu naitre. — L'Angleterre a faite une grande perte dans ce héros dont le nom et la réputation seul étaient d'une grande ressource pour ce pays. — Le parti de la guerre mit à profit l'erreur dans laquelle nos adversaires s'etaient laissé entrainer. — Le servil troupeau des imitateurs veut toujours suivre les esprits supérieurs qui se sont ouverts des routes nouvelles. — Cet ouvrage peut-être regardé comme un des livres les plus beaux et les plus utiles qu'ait produit la littérature du dix-huitième siecle. — Que de jeunes-gens se sont formé l'esprit et le cœur en lisant les bons ouvrages qu'on leur a donné ou qu'ils se sont procuré eux-mêmes ! — Combien d'hommes se sont corrompu par la fréquentation de personnes qu'ils auraient du fuir avec le plus grand soin ! — Cet écrivain a rassemblé dans un quadre convenable toutes les notions qu'il a recueilli sur les arts et sur les mœurs privés des différens peuples du continent. — Ecoute, généreux prince, et puisse l'exemple de ma patrie t'enseigner à garantir ces bords du fléau qui l'a ravagé ! — Quels obstacles le génie de l'homme n'a t'il pas surmonté ! quels monumens n'a t'il pas élevé dans le domaine des arts ou dans celui de l'imagination ! — Les Russes sont venus tard, et ayant introduit chez eux les arts tous perfectionnés, il est arrivé, dit Voltaire, qu'ils ont fait plus de progrès en cinquante ans, qu'aucune nation n'en avait faits par elle-même en cinq cent années. — L'homme fidelle à ses devoirs est assez vangé des sarcasmes des libertins par l'estime que lui ont toujours porté les honnetes gens. — Pourquoi cet enfant dort-il sans cesse les yeux et la bouche ouverte ? — Je vous ai fait porter une demie aune de cette belle étoffe que vous avez tant prisé chez moi. — Vous ne doutez pas que les Racines, les Corneilles ne soient des hommes très rares ; lisez souvent les chefs-d'œuvres qu'a produit le beau siecle de Louis XIV. — Voici une belle orgue achetée depuis peu ; les orgues qui ont remplacé les notres étaient assurement moins belles et moins cheres. — Ces hommes, tous instruits qu'ils sont, ignorent encore bien des choses qu'ils ne nous est pas donné de connaître. — Quelle opinion avez-vous eu de cette femme qui s'est laissé assigner, au lieu de payer les dettes qu'elle a contracté? — Le jeu et la danse que votre sœur a toujours aimé ont beaucoup nuis aux progrets qu'elle aurait fait dans l'étude des sciences qu'on lui a enseigné. — Les avares, quelque soit leur opulence, ont constamment refusé aux pauvres une partie des biens qu'ils ont reçu de la fortune. — Les secrets que j'avais confié à votre frère, ont transpiré, je ne sais pour quel raison; je comptais d'avantage sur sa discrétion que j'ai toujours connu et apprécié. — Que penser de ceux qui se sont laissé vaincre par la douleur, au lieu de la supporter avec cette résignation qui convient au vrai philosophe?

Nous devons tout oublier, exceptés nos devoirs, quand il s'agit de rendre service à un ami : c'est une leçon fort sage que nous ont donné là Sénèque et Cicéron. — Pourquoi faut-il qu'aujourd'huy le mérite et la vertu languissent oublié! — Cette femme ne s'est rendu dans le couvent qu'elle habite, que parce que ses parens l'y ont forcé : hors, je vous le demande, pourquoi avoir contraint une jeune personne qui ne s'est consacré toute entière à Dieu, que dans la crainte de déplaire à l'auteur de ses jours? — Les commentaires et les éditions qu'il a consulté, les éclaircissemens et les interprétations qu'il en a tiré, les imitations ou traductions, tant en vers, qu'en prose, qu'il a rassemblé, prouvent combien de peines il s'est donné. — Les affaires que je vous avais recommandé de garder sous le sceau du secret n'auraient jamais du être dévoilé; cependant aux

oreilles de combien de personnes ne sont-elles pas
parvenu ! — Les femmes se sont gaté l'esprit par la
lecture des romans qu'elles se sont procuré, et
qu'elles ont lu avec une avidité qu'on ne peut con-
cevoir. — Quelque soit notre érudition, nous igno-
rons, tout tant que nous sommes, beaucoup plus
de choses que nous n'en avons apprises. — L'auteur
de cet ouvrage a pris les événements à l'époque ou
les a laissé l'excellent Tableau historique et politique de l'Europe, que nous a donnée M. de Ségur.
— Aimez toujours vos parents, souvenez-vous de la
peine qu'ils ont eu à vous quitter. — On le vit pieds
nus, précédé de cent cinquante religieux qui étaient
nus pieds aussi. — Ma tante s'est toujours concilié
l'estime des personnes qui l'ont connu ; sa vertu et
son savoir lui ont gagné la bienveillance et la considération publique. — Le tour que Fénélon donnait
à ses expressions, faisait croire a bien des gens
qu'il possédait toutes les sciences comme par inspi-
ration ; on aurait dit qu'il les avait même inventé,
plus tot qu'il ne les avait appris. — On prétent que
sa doctrine fût condamné et sa fortune détruite par
les mêmes moyens qu'il avait employé pour l'élever.
— Messieurs, la nature semble vous avoir appelé à
reparer la perte des hommes celebres que la revolution à enlevé à l'étude et à la science des loix ;
veuillez donc diriger nos premiers pas dans la carriere qu'ont parcouru les personnages illustres dont
on nous a entretenu. Cette carriere est semée d'é-
cueils que l'expérience n'a heureusement indiqué à
aucun de vous. — La très injuste persécution dont
ils ont été les victimes pendant plusieurs années,

semble en avoir rendus quelques-uns exigeans et inflexibles. — Les lettres et les beaux-arts étaient menacées d'une décadence prochaine ; nous les avons relevé ; et l'on peut dire que les unes et les autres ont aujourd'hui plus d'éclat et de solidité qu'ils n'en ont jamais eues. — Vous voyez que tous ces événemens se sont succédés de la façon que je l'avais pensée. — Quelques soient nos connaissances, ne dédaignons pas celles que nous avons reconnu dans les autres. — C'est par la tradition, que s'est conservé la religion avant la naissance de Moyse. — L'histoire que j'ai lu m'a paru fort agréable ; l'ayant retenu par cœur, je pourrai vous la rapporter. — La critique impartial a trouvé dans cet ouvrage des incorrections et des négligences ; le traducteur ne se les est pas dissimulé. — Les anecdotes que nous a raconté ce voyageur, nous ont parues très curieuses ; nous ne les avons vu consigné dans aucun recueil. — Il est faux que vous ayez prêté cette somme, puisque vous ne l'avez pas articulé dans votre mémoire. — Les roix, quelques puissans qu'ils paraissent, quelque soit leur autorité sur la terre, les roix, di-je, ne peuvent dévancer la marche des tems. — On assurait que la Hollande s'était laissé conquérir, pour être dispensé de combattre. Sans croire à la métempsicose, j'espère que nous nous reverrons, que nous nous retrouverons un jour, sous quelleque forme que se puisse être. Cette douce espérance, je l'ai toujours nourri, entretenu dans mon cœur. — Ces pieces de théâtre seraient aussi séduisantes à la lecture qu'à la représentation, si leurs auteurs les avaient écrit comme ils les ont conçu. — Parmi

les personnes que le saint pere a reçu dans les dernières audiences qu'il a donné, on a remarqué une
jeune dame qui s'est présenté avec un visage ou se
peignait la décence et le recueillement. — Madame
de Sévigné dit quelque part : Ce sont ces reflexions
qui m'ont aidé à me faire prendre patience. — Cet
homme avait depuis long-temps des motifs de chagrin, qu'il n'avait jamais laissé soupçonner. — Après
les souffrances de toute nature, que nous avions
enduré, je ne sais pourquoi l'on nous mit en pri-
son... Assurément, nous ne l'avions pas mérités !
— Malgré leurs découvertes, ces savans ne se sont
pas dissimulé combien de services la physique a
rendu jusqu'a ce jour à l'humanité. — L'antique réputation de science et de sagesse que peut-être une
fois leur Ordre avait mérité, suffisait pour conserver la puissance qu'ils avaient acquis. — De toutes
les opinions sur la cru du Nil, que Diodore a réuni
en citant leurs auteurs, la plus inepte est celle des
pretres de Memphis. — Les noms ont peu changés,
sauf la manie qu'ont eu les Grecs d'imposer aux
villes des noms de leur langue, que le peuple n'a-
doptait pas, et qui se sont effacé avec les dinasties
qui les avaient créé. — J'esperais de lui des notions
plus exacts sur le nom de Thebes, sa patrie, et
sur les régions méridionales qu'il a visité. Il nous
parle de certaines femmes qu'on a vu vivre avec
les pestiférés, et dont une entr'autres s'est inoculé
la peste. — Je crois que son mérite et sa vertu ont
été récompensé, comme ils devaient l'être ; on lui
a rendu autant de services qu'il en avait lui-même
rendu. — Cet empire subit la loi qu'avant lui le vaste

empire de Belus et celui de Cyrus avaient subis.
— Nous sommes persuadé que ces poësies retom-
bront dans l'oublie d'ou on les a tiré ; on peut comparer leur auteur à ces cadavres qu'on a trouvé
dans les ruines d'Herculanum ; ils semblaient res-
pirer encore, mais ils sont tombé en poussiere, lorsqu'on les a exposé au grand jour. — Plusieurs personnes se sont demandés si le but de la Dunciade
est moral ; la question n'est pourtant pas indécise.
— Pourquoi cette jeune personne s'est-elle laissé
effrayer par de tels menaces ? Il fallait qu'elle fit
paraître plus de hardiesse qu'elle n'en a montré. —
Ferrand y fût amené après la victoire de Bouvines,
chargé des chaînes qu'il avait, dit-on, préparé pour
Philippe Auguste. — Nos peres, s'ils revenaient,
auraient bien de la peine à reconnaître les demeures
qu'ils ont habité. Les descriptions qu'en ont laissé
nos ayeux, sont pour nous comme l'histoire de ces
nations qui ont disparues sans laisser aucune trace
de leur passage sur la terre — Il veut oter de dessus
la feuille une fleur de belle-de-nuit, que le peintre
semblait avoir laissé tomber d'un bouquet. — Sa
nature ne lui permet pas de voir les traces de cette
corruption et de cet avilissement, que des philosophes anciens avaient soupçonné. — Lorsque la critique vînt flétrir les lauriers que Bernard avait cueilli
dans les champs de la littérature, l'auteur était
tombé dans une espece de demence. — Quelle influence n'ont pas eues les plus petites passions, les
plus legeres circonstances sur la destinée des êtres
répandus sur ce globe ! — Un homme d'esprit de-
mandait, en parlant de deux dames de la cour, qui

s'étaient quérellé : Se sont elles appellé laides ? — Non. — Et bien, je me charge de les réconcilier.

L'étude de la jurisprudence me paraît une étude que nous avons trop négligés jusqu'ici de cultiver. — Si je m'étais occupé à recueillir toutes les absur- ditées que des témoins soit disant oculaires m'ont affirmé , j'aurais entassé plus d'erreurs que Diodore n'en a commis. — Les enceintes d'anciennes villes que j'ai observé en assez grand nombre , égalent à peine en étendu nos villes modernes de sept à huit milles habitans ; cela diminue beaucoup l'opinion exagérée qu'on s'était fait de l'ancienne Egypte. — Cette femme , toute impérieuse qu'elle est , s'est laissé abattre au milieu des adversitées qu'elle a éprouvé. — Le grand bouleversement de ces derniers temps vint achever les ouvrages qu'avait commencé la mode. — Combien de preuves de son affection ne m'a-t'il pas donné depuis que j'ai l'avantage de le connaître ! — Il sera érigé une colonne dans cet endroit pour perpétuer le souvenir des braves qui se sont im- molé aux intérêts de la patrie. — C'est bien mal rai- sonner , dit M. Hume , que de faire sans cesse l'é- numération des maux que la religion n'a pas em- péché , sans vouloir lui tenir conte de ceux qu'elle a prévenu , et des biens qu'elle a fait ! — L'honne- teté et l'intégrité sont des vertus que l'on a de tout temps recommandé à l'avocat , quelque opinion qu'il aie embrassé. — Ces diverses maisons que vous avez faits construire en si peu de temps , les meubles dont vous les avez garni , les terrains que vous y avez attaché, ont du nécessairement altérer vos capitaux. — Cet écrivain a puisé dans les mémoires qu'on a vu paraitre successivement, dans les rapports officiels, enfin dans la plus grande partie des ouvrages qu'on a publié sur la révolution. — Quels progrets l'espece humaine n'aurait-elle pas fait dans la route des sciences et de la sagesse, si elle n'en avait pas été détournée par des affections particulières qui l'ont égaré et fixé dans l'erreur ! — Heureuse la femme qui s'est donné, si elle pouvait conserver pour ami l'homme auquel elle a soumise sa destinée ! — L'eloquence décrit en traits durables ses ravages qui ont frappés quelques parties de la terre, ses tristes batailles qui l'ont désolé. — Ce sont pourtant de pareils chimeres que les philosophes ont embrassé par haine pour Moyse. — L'ouvrage que nous annonçons est un des plus importans qu'on ait encore publié sur les principes fondamentaux de la chimie. — Ce qui paraissait l'affliger le plus, c'était l'aliénation dans laquelle était tombé une fille qu'elle avait adopté depuis que des parens dénaturés l'avaient impitoyablement délaissé; cette aliénation provenait de l'effroy et de l'horreur qu'elle avait éprouvé en se voyant saisi par des brigants. — J'ai retranché les choses qu'un plus mur examen et un jugement plus sur m'ont démontré reposer sur de trop légers fondemens. — La nourrice continue de distraire sa fille en développant les étoffes et les divers présens que son bienfaiteur lui a apporté. — Les hommes que vous m'avez procuré, sont les plus sottes gens que j'aye jamais vu. — Nous l'aggregâmes à l'ordre respectable de ces Anges tutélaires qui se sont dé-

voué aux pénibles fonctions de la charité envers les
malades. — Combien n'ai-je pas été ému des paroles
que j'ai entendu prononcer dans l'auguste cérémonie
à laquelle j'ai assisté ! — Qui peut se vanter de connaître mieux que lui les devoirs d'un critique, et
qui les a mieux défini qu'il ne l'a fait en repro-
chant à Fréron de ne les avoir pas rempli ? — Fier
des connaissances que nos encêtres nous ont transmis, et de celles que nous y avons ajouté, nous
nous glorifions de nos lumières et nous disons :
quel siecle fût plus éclairé que le notre ! — Les philosophes que vous m'avez cité, et qui ont vu ces
climats que j'ai parcouru moi-même, nous ont rendus familieres les mœurs, les coutumes et les habitudes des Russes. — Il décrit les antiquités qu'il a
rencontré dans son voyage ; mais, d'après son avœu
même, on peut craindre que les recherches qu'il a
fait, n'ayent pas été bien severes. — Parmi les poëtes
que tu a négligé soit de traduire, soit de commen-
ter, on doit faire mention sur-tout de Lucrece et
de Lucain que peut-etre tu n'a jamais lu. — On
sait que les jeunes medecins prennent la perruque
pour avoir l'air sages ; mais c'est, non pas à leur
costume, mais au nombre des malades qu'ils ont
guéri, qu'on juge de l'habileté des médecins. —
Quelques soient les biens ou les maux que la fortune me prépare, je les supporterai avec la plus
ferme résignation, avec ce courage et cette cons-
tance que m'ont donné mes premieres souffrances
dans le monde. — Quels ouvrages de Racine avez-
vous lu, mon ami, et qu'elles beauté y avez-vous
remarqué ? — Ces villes n'étaient rien autrefois, c'est

le commerce seul qui les a enrichi, c'est la bonne
police qui les a rendu florissantes. — Les instructions que ce jeune-homme a reçu lui ont servi dans
tous les temps. — Les raisons que cet écrivain nous
a allégué vous ont-elles parues recévables ? — On a
beaucoup parlé de ces pierres qui sont tombé du
ciel; mais ceux qui en ont parlé, les ont-ils vu
tomber ? — Ces femmes étaient fort legeres, je les
ai admiré danser. — Messieurs, je vous ai demandé
la plus grande attention, et vous me l'avez accordé;
c'est pourquoi j'espère ajouter à la somme des connaissances que vous avez déja acquis. — On vous aurait
livré, tout tant que vous êtes, au plus grand ridicule,
on vous aurait voué le mépris le plus vrai, si vous n'a-
viez pas profité ici des instructions qu'on ne vous a
pas épargné. — L'effroy et l'inquietude que tu a répandu dans ce hameau, en ont consterné tous les
habitans. — Quelque repugnance que vous montriez,
et quelque soit votre aversion pour tout ce qui vous
captive, vous remplirez neantmoins les intentions que
m'ont manifesté vos parens, qui veulent que votre
éducation, qu'ils m'ont confié, s'acheve sous leurs
yeux. — On est effrayé de la peinture que ce voyageur a tracé des tourmens qu'il a souffert avec ses
compagnons, tantot en luttant contre la fureur des
elémens auxquels le chef de l'expédition les avait
abandonné, tantot en livrant un combat opiniatre
contre les cruelles maladies qu'ils ont tous essuyé. —
Ces découvertes qu'on nous a annoncé, surpassent
de beaucoup celles qu'ont produit les plus fameux
voyages anglais. — Les rencontres que nos voyageurs
ont eu avec les sauvages de ces différens pays, on

les a raconté d'une manière piquante et instructive.
— Quelle étude plus noble, plus digne de l'homme,
que celle qui a pour objet les merveilles qu'une
main toute puissante a semé sur toute la surface du
globe ! — Les succès que ce jeune-homme a obtenu,
ne sont pas aussi grands que je l'avais espéré. —On
trouve dans cet ouvrage beaucoup d'autres fautes
plus faciles à corriger, que l'auteur néanmoins a
laissé subsister. — Ma fille, je vous ai souvent entretenu de vos défauts, je vous ai prié de vous en
corriger ; cependant je ne vois pas que vous les
ayez encor deraciné de votre cœur. — Tout le monde
admire la valeur qu'ont déployé dans cette occasion
les troupes belliqueuses que nous avons conduit sur
le champ de batail. — Les habitans nous ont rendu
maîtres de leur place, que des conquerans moins
habiles avaient cru jusqu'ici imprenable. — Je ne
suis point étonné de la justice que vous ont rendu
les personnes que vous avez fréquenté depuis votre
séjour dans cette citée. — Notre docteur prétand que
les animaux ont d'abord été dans l'état de nature. Ils
ont vécus à peu près seuls et isolés ; ils se sont
ensuite formé en sociétés plus ou moins nombreuses ;
ils ont contracté de nouvelles habitudes, et leurs
mœurs se sont altéré. — La même chose est arrivé
à l'homme. Sa nouvelle maniere d'exister a influée
sur sa constitution phisique, sa sensibilité a dimi-
nué, ses besoins ont changé de nature et se sont
augmanté ; il lui a falu des habits, un logement,
des occupations ; ces passions sont devenu plus im-
perieuses, mais en même temps son organe s'est plus

exercée, son imagination s'est embelli ; il est ainsi parvenu à l'état ou nous le voyons.

Quel usage ne fera pas un général d'armée des secrets que l'étude lui a revelé, si, après avoir fait glorieusement la guerre, il est chargé de travailler à la paix ! — Quelques vives que soient les pensées et les expressions, il faut que l'air en augmente la vivacité : c'est une de ces maximes qu'on a toujours recommandé aux orateurs. — L'église qu'on a commencé à batir, sera achevé bien avant la Chandeleure, époque qu'on a fixé pour l'ouverture de ce nouveau monument. — Je ne saurais vous décrire les soins et les peines que cet ouvrage plein de recherche m'a couté. — Mes amis, on vous a demandé la plus grande application à vos devoirs ; pourquoi donc ne l'avez-vous pas apporté jusqu'ici en travaillant ? — Je vous conjure de garder ce gage autentique de la foi que je vous ai juré. — Messieurs, quelqu'un vous a demandé la dedans, et cependant vous n'etes pas sorti pour voir ce dont il s'agissait ! — Les statues que nous avons vu arriver, et qu'on a découvert ensuite devant nous, ont paru a tous ceux qui les ont admiré, l'ouvrage des plus habiles maitres. — Oh ma fille ! quel Dieu t'a rendu à ton pere ? comment t'avais-je laissé aller seule au temple ? — Les chrétiens invincibles dans le fer et dans les flammes, se sont laissé amollir par les douceurs de la paix. — Que de peines, o mon fils, ne m'a tu point causé dans ton enfance ! — Tout homme dont les sentimens sont elevés et génereux, qui garde au fond du cœur une légitime indépendance, me

semble respectable, quelsque soient d'ailleurs les opi-
pions politiques qu'il a jadis manifesté. — Qu'elles
contrées avez-vous parcouru dans votre exil? Avez-
vous vu les plaines de la Troade, que l'on nous a
tant vanté? — La vertu, qu'ont toujours pratiqué les
hommes exemts d'ambition, vaut infiniment mieux
que les richesses, qu'a toujours méprisé le vrai philosophe. — Les discours que vous avez entendu tenir, sont fort ridicules; ils annoncent de la jalou-
sie, passion vil que j'ai toujours détesté. — Quelques soient vos instances pour m'engager a rester,
quelque satisfaction que j'ai a passer près de vous
des momens agréables, je ne puis me dispenser de
vaquer à mes affaires que je n'ai que trop négligé.
— Cette femme était toute interdite, quand je l'ai
rencontré, ses mains étaient toutes ensanglantées;
je n'ose croire cependant au crime affreux dont on
l'a accusé. — Les juges que j'ai entendu prononcer
la sentence fatale, ne s'étaient pas laissé séduire par
les offres magnifiques qu'on leurs avait fait. — Quelques raisons que vous puissiez me donner, quelques
puissent être vos sujets de plaintes, quelqu'ait été
la conduite qu'ont tenu envers vous vos parens,
quelle que sévérité qu'ils ayent montré à votre égard,
je vous blamerai fortement, si vous ne les pressez
d'oublier le peu de soumission que vous leur avez
témoigné. — Loin d'arrêter cette bete furieuse, qu'on
avait pourchassé avec toutes les précautions possi-
bles, on l'a laissé passer tranquillement au milieu
de la ville. — Pouvez-vous m'envier les recompenses
que m'ont valut tant de travaux entrepris dans la
seule vue d'être utile? — Quelques soient vos torts,

ils seront bientôt oubliés par votre père et votre mère, que vous avez réellement offensé. — Qui pourrait méconnaître jamais les soins et les caresses qu'il a reçu de ses parens! — Ha! que ces soldats étaient braves! qu'elle joie ils ont témoigné! Il n'est personne qui ne les ait vu passer, sans éprouver quelqu'émotion. — Les oracles que j'ai vu s'accomplir, avaient été prédit par le devin Calchas. — Les deux armées ne se sont pas plutôt rencontré dans les plaines d'Italie, qu'elles se sont battu avec un vif acharnement. — Que sont devenu ces monumens batis par les Romains? Le temps les a tous dévoré. — Paque sera bientôt venu; le temps s'écoule avec tant de rapidité, que nous touchons déja à Paque fleuri. — J'ai causé avec cette femme dont on nous avait vanté les connaissances et le jugement exquit, je l'ai trouvé beaucoup moins instruite et moins sensée que je ne l'avais cru. — La fiere Junon fut irritée de ce que, la Discorde ayant jettée une pomme d'or sur la table, l'audacieux Paris l'avait adjugé à la reine des amours. — Cette femme nous assommait par son babille, je l'ai laissé ennuyer son monde, et je me suis esquivé sans mot dire. — Ces voyages que je vous ai fait remettre, et qu'a traduit un écrivain très exercé, vous feront passer des quart-d'heures fort agréables. — Métellus exilé se retira à Rhodes, retraite qu'il s'était choisi; il s'y adonna entièrement à l'etude des belles lettres qu'il avait toujours cultivé avec succès. — C'est à mon avocat, qui s'est chargé d'une cause qu'il n'a pas entendu, que je suis redevable des enormes depenses que j'ai fait pour réussir. — Qui connait mieux que moi les sommes exhorbitantes que m'a deja couté cette malheureuse affaire, que j'aurais terminé plutot, si j'avais choisi un homme plus intelligeant? — Ces fables, toutes aisées qu'elles sont, n'ont pu être traduites par ce professeur mal-habile qui parait avoir négligé le peu d'instruction qu'il a reçu. — Ce jeune etourdi a revelé les secrets que je lui avais confié : aussi, quelques excuses qu'il apporte pour se justifier, quelques soyent les promesses qu'il me fasse, je lui refuserai à l'avenir ma confiance, qu'il avait toujours eu jusqu'à présent. — Le mari et la femme sont infortunés, quant il ne regne pas entr'eux un accord, une union parfaits. — Cette jeune personne est déja avancée en age, pourquoi l'avoir laissé perdre tout son temps à etudier le blazon et la musique, qu'elle n'a jamais aimé? — A vous dire vrai, quelles que graces qu'on lui aie toujours prêté, je la trouve d'un gauche et d'une maladresse étonnant. — La bataille que j'ai vu se livrer, m'a donné une idée suffisante de la guerre. — Ceux avec qui nous avons eu des relations, sont d'ennuyeux gens; je les ai abandonné, des que j'ai pu le faire décemment. — Il s'est elevée une discussion très vive relativement à la nomination du duc d'Yorck au commandement des troupes que sa majesté s'est proposé d'envoyer sur le continent. — Les soldats s'empresserent de rendre à la terre les ossemens de leurs ancetres, que l'insolence de la victoire avait entassé. — Cet evenement eut lieu le jour meme ou les Suisses devaient celebrer l'anniversaire de la victoire memorable qu'avaient remporté leurs peres sur

les troupes du dernier duc de Bourgogne. — Il serait
à souhaiter que l'on veilla à la conservation de ces
autres superbes monumens que, depuis la révolution, on a laissé tomber en ruines. — Quel homme
étonnant ! il lui falait des rivaux ; il n'en aurait pas
rencontré dans la carrière des lettres, qu'il avait
abandonné pour cette raison. — L'estime dont cet ouvrage a joui jusqu'à présent, est suffisamment cons-
taté par la rapidité avec laquelle se sont succedé les
editions qui en ont deja parus. — Il était réservé à
Robert Garnier de faire sortir la tragédie de cette
espèce d'enfance ou ou l'aurait laissé, si l'on ne
s'était enfin éloigné de la route que Jodelle avait
toujours suivi. — Que sont devenu ces monumens
qu'on a érigé à grands frais ? La main du temps les
a détruit. — Il ne reste plus rien de ces orgueil-
leuses piramides qu'avaient élevé des nations jalouses
de transmettre à la postérité le souvenir des hommes
qu'elles avaient honoré. — Je ne crois pas que j'eusse
besoin de cet exemple d'Euripide pour justifier le
peu de liberté que j'ai prise. — Votre mère s'est ré-
servée le droit de vous reprendre ainsi qu'elle l'a
faite, toutes les fois qu'elle l'a jugé convenable. —
Combien de difficultés n'a-t-il pas vaincu en tra-
duisant cet ouvrage dans une langue qu'il n'a jamais
étudié à fonds ! — Les personnes que vous avez sa-
lué ce matin, m'ont parus extremement polis et af-
fables. — Il a ordonné qu'on arreta tous les vaisseaux
ennemis armés ou non armés, exceptés ceux qui
exercent uniquement la péche que nous avons toleré
jusqu'a ce jour. — Les tragédies que Corneille et

Racine ont composé, seront toujours en possession
de l'admiration publique.

Je ne saurais vous peindre la vive émotion que m'a
causé le récit d'un pareil desastre. — J'avais vingt
ans; les dernieres fleurs s'étaient épanoui aux doux
rayons du mois de mai, quand je quittai ma patrie,
après l'avoir abandonné à son malheureux sort. —
Les demoiselles que j'ai entendu chanter, m'ont parus
doués d'un bel organe. — Connaissez-vous ces ouvrages antiphilosophiques qu'a publié un écrivain
moderne? les avez-vous parcouru, où même en avez-
vous seulement entendu parler? — Que sont devenu
ce fils et cette fille que j'ai tant aimé? Qu'avec plaisir
je les serrais aujourd'hui entre mes bras! — On ne
sait pas ce qu'est devenu leur arriere garde que nos
troupes ont disséminé. Leur cavalerie s'est, dit-on,
rallié pour protéger le passage de l'infanterie par un
défilée, mais nos chasseurs l'ont bientot culebuté, et
ils se sont jeté avec l'infanterie ennemie dans le défilée.
— La canonade a été assez vive; on a poursuivi cette
division que l'obscurité de la nuit a sauvé; une partie
s'est éparpillié dans les bois; il n'a été fait que cinq cent
prisonniers qu'on a aussitôt amené en France. — Vos
observations, quelques judicieuses qu'elles soient, ne
nous ont pas séduit. — Les passage des troupes que tu
a vu ce matin, a fait rencherire les vivres, et même
les a rendu très-rares. — Les ouvrages que vous avez
négligé de lire, mes amis, vous auraient sans doute
formé l'esprit et le cœur. — Les ariettes que tu a entendu chanter aujourd'hui, ne sont pas dignes du
compositeur habile qui les a produit. — Une mere

faisait ce reproche a sa fille : Vous avez toujours paru
fuire ma société; toujours vous m'avez préféré vos
compagnes, quoique je vous ai sans cesse comblé de
bienfait. — Je pense que ce vacarme horrible m'a
rendu l'ouie que j'avais perdu. — L'esprit et la vertu
que j'ai toujours tant apprécié, se trouvent réuni chez
cette femme aimable, qui mérite les complimens et les
louanges qu'on lui a constamment prodigué. — Il a
pris part aux combats qui se sont livré sur la fron-
tiere, et il y a deployé une valeur, un courage que
tout le monde a admiré. — Ces peuples se sont laissé
aller aux attraits de la volupté, de cette syrène en-
chanteresse qui les a perdu sans ressource. — Le gé-
neral les ayant sommé de remplir l'obligation qu'ils
avaient contracté, on assure qu'ils s'y sont refusé. —
Revenu de ce voyage très périllieux, nous en avons
été quitte pour la peur, et la voiture nous a rammené
au point d'ou nous étions parti. — Ces auteurs ont
voulu briller par la richesse des expressions qu'ils ont
employé dans leurs écrits, par les images pompeuses
qu'ils y ont prodigué, par l'érudition qu'ils y ont re-
pandu sans raison; quand à nous, nous n'avons cherché
qu'à plaire aux gens de bien et aux meres de familles.
— Jeunes étourdis, les regrès douloureux vous ont
suivi dans l'age mur, la société vous a rebuté, les
hommes vous ont refusé leurs estime, et vos douces
erreurs se sont effacé comme le sillon fugitif qu'un
vent léger trace sur l'onde. — Cet homme était si
abondamment favorisé par la nature et par la fortune,
que l'une et l'autre semblait s'etre disputés la gloire de
le combler de leurs bienfaits. — On ne peut se faire
une idée juste de l'horreur que leurs soldats ont inspiré

en Moravie, ou ils ont brulé les plus belles habitations qu'on ait jamais vu. — Est-il vrai qu'on voulut nous tracer d'autres bornes que celles que notre modération a reconnu ? — Vienne a reçue dans ses murs nos troupes victorieuses, Vienne qui se croyait défendu contre nous plus encor par son éloignement, que par les armées nombreuses qu'elle avait rassemblé autour d'elle. — Ce général a rempli avec un bonheur et une celerité étonnante les ordres qu'il a reçu de son prince. — L'auteur nous a donnés des apperçus très intéressans sur les noirs et sur les mulatres; il a de grandes connaissances en physique, et il les a surtout developpé dans un mémoire qu'il a remi au ministre de la marine. — Cette femme n'a éprouvé de votre part, que des impertinences qu'elle n'aurait pas eu à craindre d'un ami véritable. — On peux poser en principe qu'un fait isolé, quelques soient les apparences, ne peut pas prouver ce que d'autres faits rendent impossible, ni refuter ce qui existe nécessairement. — Comment le peuple Egyptien aurait-il accordé un culte extraordinaire aux ibis? Pourquoi les aurait-il respecté et nourri, pourquoi les aurait-il sculpté dans ses temples, embeaumé, après leur mort, avec autant de soin, si ses oiseaux ne l'avaient pas délivré des serpens? — Que d'hommes se sont persuadés faussement que le bonheur et la vraie felicité consistent dans les biens qu'on a amassé! — Comment les Atheniens ont ils pu trouver du sel dans de pareilles ordures qu'on leurs a débité? Puisque les comédies d'Aristophane les ont faits beaucoup rire, il n'est pas impossible qu'ils ayent souvent ris d'une sottise. — Nous opposerons leurs maximes benignes à leurs procedés tyranniques; nous rapprocherons les principes qu'ils ont établi, et les conséquences qu'on en a tiré. — Si nous voulions accepter notre sort, et nous livrer à toutes ces ressources, nous ne tarderions pas à recouvrer autant de sujets d'intérêt que nous en avions perdu. — Le dernier trait qui termine ce tableau n'est pas un des moins heureux qu'ait inspiré la haine du despotisme. — C'est le christianisme qui a notifié la vrai morale à l'univers, qui l'a sanctionné par ses dogmes, qui l'a rendu populaire par son culte. — Cette femme n'est pas aussi méchante qu'on l'avait crue; elle s'était persuadée que chacun en voulait à ses jours, et elle avait pris le parti de fuir la société qu'elle avait tant aimé autrefois. — S'il est important d'étudier les mœurs des peuples, les lois qu'ils se sont donné, les usages et les coutumes qu'ils ont pratiqué, il n'est pas moins utile de connaître les talens, les vertus et les vices mêmes de ceux qui les ont gouverné, et qui, par la bonne ou la mauvaise conduite qu'ils ont tenu dans le haut poste où Dieu les avait placé, ont contribué à l'élévation ou à l'abaissement des Etats qui les ont eu pour guides et pour maîtres. — La ligue ionienne ne s'était pas laissé décourager par la retraite des Athéniens. — Il est des livres et des réputations qui doivent une partie de leurs éclat aux temps et aux sociétés qui les ont vu naître. — En voyant leur général mort, les blessés pensent à la perte qu'ils ont fait, et non aux blessures qu'ils ont reçu. — Wicquefort et Bacon ne sont pas les seuls qui se soyent fait les apologistes de Machiavel; Montesquieu et Rousseau se sont aussi déclaré pour cet écrivain. — Quelqu'esprit que Fontenelle ait répandu dans son Histoire de l'Académie des Sciences, de quelqu'aménité, de quelles que graces qu'il l'ait orné, on ne peut s'empêcher de convenir qu'il s'eloignât du véritable principe qui doit diriger l'ecrivain dans la composition de ces sortes d'ouvrages. — Ils se sont laissé prendre au piége qu'on leur avait tendu, ce qui prouve le peu de prévoyance qu'ils ont montrés dans cette affaire. — Tous jurèrent alors d'obeir sans délai aux ordres du Pacha, et eurent autant d'impatience d'aller à l'assaut, qu'ils en avaient eu peu le jour précédent. — Quels héros le véritable amour de la patrie n'a-t-il pas enfanté dans tous les temps! et combien ils ont rendu de services au pays qui les a vu naître! — Nous regarderons ce monument comme un des plus grands bienfaits qu'ait jamais reçu le genre humain.— Les tempêtes politiques se sont à peine retiré; on veut qu'elles ne puissent plus sortir de leurs cavernes ou une main protectrice les a enchainé. — La ville de Paris ne fut appellée *ville de Jules*, que lorsque Jules César l'eût fortifié et embelli.— Une mère tient a la tendresse de ses enfans jusqu'à s'en montrer jalouse; les douleurs qu'ils lui ont causé, les soins qu'elle a prodigué à leur jeune age, toutes les espérances qui l'ont agité, ont, chaque jour, confondus d'avantage leur existence avec la sienne.—Tels sont les honneurs qu'ont obtenu parmi nous les talens d'un grand orateur, les vertus d'un magistrat célebre. — Cet écrivain a brisé les bornes que la morale a donné à nos assertions les plus légitimes. — D'après le zéle et l'intérct que vous m'avez temoigné, Madame, vouloir porter à la personne dont je vous ai entretenu, je crois devoir vous l'adresser aujourd'huy.

SUJETS DE COMP. 2

Les évenemens qui se sont succedé et pressé depuis trois mois, seront bien dignes d'occuper la posterité la plus reculée. — J'ai eu grande pitié de ces malheureux jeunes-gens que j'ai vu emmener par des gendarmes; je ne pense pas qu'ils ayent rien à se reprocher. — La plupart de ceux qui se sont livré à ce genre de travail, se sont laissé entrainer à des sistêmes; plus il fallait de rigueur dans la méthode, moins ils en ont eus. — Pourquoi ne pas croire à ces nouveaux prodiges? on en a tant vu depuis quelques années, qu'on peut ajouter foi à ceux qu'on nous a raconté. — Il faut remonter jusqu'à l'enfance du monde pour connaître comment se sont formé les Etats et les royaumes qui ont partagé l'univers, par quels degrés ils sont parvenu à ce point de grandeur que l'histoire nous montre, par quels liens les familles et les villes se sont réuni pour composer un corps de société, et pour vivre sous les loix communes qu'elles se sont imposé. — Plus de précautions il a pris dans son voyage, moins de dangers il a couru. — Si cet homme a beaucoup d'ennemis, il se les est attiré par la conduite odieuse qu'il a toujours tenue, et par les opinions funestes qu'on l'a toujours vu professer. — Les voyageurs se copient mutuellement; les bonnes gens qui les lisent les croyent sur parole; et, s'ils voyent les lieux qu'on leur a décrit, ils ne voyent qu'à travers les descriptions qu'on leur en a fait. — Qu'importait, je vous le demande, quelques chansons qu'on aurait trouvé, ou non, dans ce recueil bien fait pour intéresser? — La, sous un ciel toujours pur, au milieu d'une nature féconde en merveilles, que de merveilles non moins étonnantes les arts n'ont-ils pas attaché au sol? — Il n'y a pas une loi que ce jurisconsulte n'aye cité; il connait les arretés et les loix qu'on a vu paraitre jusqu'à ce jour, et il les a gravé dans sa mémoire.—Ces paroles ne sont pas de Longin, puisque c'est moi qui les lui ait, en parti, preté.—Le passage du Rhin est une des plus belles actions qu'on aie jamais vu à la guerre.—Cette province peut se flatter que son roi effaçera les traces horribles qu'y a laissé pendant un grand nombre de siècles le passage d'un conquérant farouche dont les mains se sont armé de l'encensoir et de l'epée.—Le peu de troupes que j'ai trouvé dans ce pays, sont sans courage et sans discipline.—Ne pas écrire correctement, c'est mettre au grand jour son ignorance et le peu d'éducation qu'on a reçu.—Que penseraient-ils, s'ils me voyaient aujourd'hui entrer dans un corps celebre, ou, par les loix qu'ils ont établi, par les maximes qu'ils ont maintenu, personne ne doit être reçu, qu'il ne soit d'un mérite sans reproche?—Je suis si fatigué des sottises que m'ont dit ces impertinens usurpateurs de noms, que vous permetterez qu'avant tout j'aille faire un somme.—Vous voila arrivés au dernier acte de la comédie que vous avez joué trop peu de temps.—Qu'elle ne s'opiniatre pas d'avantage à chercher des tablettes que vraisemblablement elle a perdu par sa négligence, et que sûrement aucun de nous n'a volé.—Les fautes ou les erreurs qui se sont glissé dans le cours d'une administration aussi longue, aussi pénible, doivent être oublié en faveur des nombreux services que celui qui en était chargé, a rendu à son pays.—Qui peut dire les soins et les fatigues que cet ouvrage a neoessairement coutées au compositeur?—Bonneval fit une querelle violente au marquis de Prie, pour des propos indiscrets que ce dernier avait tenu ou laissé tenir contre la jeune reine d'Espagne. — Si le nouveau traducteur a omis quelques mauvais jeux de mots et quelques longueurs que l'ancien avait fidellement traduit, il nous a donné en revanche deux prologues que Cervantes avait placé à la tete des deux parties de son ouvrage. — L'aiguille, le burin, le pinceau, le ciseau ont transporté sur les tapisseries, sur la toile et sur le marbre les incroyable avantures et les plaisantes figures de Don Quichotte et de son fidelle écuyer; l'opéra les a placé sur la seine; et la danse, le plus frivole des arts, s'est emparé de ces illustres personnages. — Quelles vies a t'il exposé pour son interet où pour sa propre réputation? Que de soldats n'a t'il pas menagé comme des sujets du prince! Quelle goutte de sang a t'il répandu, qui n'aie servie à la cause commune? — Un grand nombre d'ouvriers se sont vus enlever leurs outils par les mécontens; on les a forcé ensuite à quitter leurs atteliers. — C'est avec raison qu'on a dit du grand Pompée, un des plus grands capitaines qui ayent existé, qu'il fit à lui seul plus d'exploits que les autres n'en ont lu, et qu'il prit plus de villes que ses rivaux n'avaient souhaités d'en prendre. — Ne serait-il pas doux de retrouver dans l'effet de nos soins les plaisirs qu'ils nous ont coûtés? — J'allai la voir; quelles charmes et quelles douceurs aurait eu pour moi ce voyage, si le résultat en avait répondu à une aussi chere espérance! — Ceux qui ont connu, comme moi, cette amour filial si tendre, n'ont pas besoin que je leur dise quelles étaient la tristesse et l'abbattement de mon ame. — Il nous manque un ouvrage qui efface la honte qu'on a reproché si long-temps à la France, de n'avoir pu produire un poëme epique. — Attila, Tamerlan et Gengiskan ont mérité plus d'eloges qu'ils n'en ont obtenu; aucune gloire, aucun intérêt ne s'est attaché à leurs souvenirs, parce que le stile ne les a pas gravé dans la mémoire des hommes. A peine ont-ils disparu, qu'on les a oublié. — Quatre villes d'Ombrie se sont disputé l'honneur d'avoir donné le jour à Properce, poëte latin connu par ses élegies, qu'un nouveau traducteur a publié depuis peu. — Pisistrate s'était fait une bibliotheque qu'il avait rendu publique, mais dont il fut privé par la suite, Xercès l'ayant enlevé et transporté toute entière en Perse. — La collection de livres la plus considérable était celle qui appartenait à Euclide; il l'avait reçu de ses pères; et, comme il connaissait le prix de tous les livres qu'on avait renfermé dans la bibliotheque dont il avait hérité, il méritait bien de les posseder. — Le volcan qui a couvert cette ville de cendres, l'a preservé des outrages du temps. Quelques feuilles qu'on a trouvé sous les décombres, sont tout ce qui nous reste pour interpréter les malheureuses victimes que ce volcan a dévoré. — Il a parue une histoire abrégée du chistianisme, des persécutions qu'il a éprouvé, des héresies qui l'ont affligé, avec les noms des docteurs qui les ont combattu, et les dattes des conciles qui les ont condamné. — Ces vers que j'ai entendus m'ont parus très beaux; je crois que chacun les a jugés aussi favorablement que je l'ai fait. — La réponse à cette objection que nous avons entendu faire par plusieurs personnes, nous conduirait à l'examen d'une question importante qu'on a déjà abordé sans succès.— Les vésicatoires opérans avec beaucoup plus de promp-

titude sur les enfans que sur les adultes, il est à propos
de faire un choix parmi les rubéfians qu'on a indiqué.
— Je ne saurais vous dire combien de livres il a eu à
dévorer pour rendre son ouvrage aussi parfait qu'il
pouvait l'être. — Le prince s'assied, et prononce ces
mots d'une voix attendrie : Quelle que puissance que
j'ai reçu du ciel, quelques soyent mon crédit et ma
force, je n'en userai que pour rendre mes peuples
heureux.

Puissai-je vous dire combien cet homme m'a rendu
de services, que je n'oublierai jamais, quoi qu'il ne
me les ait jamais rappelé ! — Combien de fois a t'elle
remercié Dieu humblement de deux graces : l'une, de
l'avoir fait chrétienne, l'autre, messieurs, de l'avoir
fait reine malheureuse ! — Nos premiers pères furent
chassés du Paradis pour s'être laissé séduire. — Elle
aimait à obliger les autres ; jamais la crainte de faire
des ingrats, ni le déplaisir d'en avoir trouvé, ne l'ont
empêché de faire du bien. — Il faut voir les Juifs dans
leur propre pays ; il faut les voir attendant sous toutes
les oppressions, un roi qui doit les délivrer. Ces malheureux! quel désert ne les a point vu pleurans leur
terre natale ! — Elle s'était imaginée que la pitié, qui
n'est jamais sans tendresse, la faisait agir toute seule.
— Le Tartare ne daigne pas sortir de la mazure qu'il
s'est bati sous les ruines des monumens de Périclès. —
Ce ne furent pas les victoires toutes seules de David,
qui le rendirent le modele des rois ses successeurs ;
Saül en avait remporté, comme lui, sur les Philistins
et sur les Amalécites. — La douleur m'ota, dans ce

moment, le peu de raison que l'amour m'avait laissé.
— Personne n'est plus touchée que moi des bons procédés que vous avez eu à notre égard. — Ils ont trop fait sentir aux peuples que l'ancienne religion pouvait se changer; les sujets ont cessés d'en révérer les maximes, quand ils les ont vu céder aux passions et aux intérêts de leurs princes. — Tel a été le but que se sont proposés ceux qui ont entrepris ce journal; depuis quatre ans revolus ils se sont efforcé de le remplir. — Je me flatte que, quand vous ferez imprimer quelqu'un de vos ouvrages, on y trouvera plus de correction, plus d'exactitude qu'on n'en a trouvée dans l'édition de Jules César. — Cette cérémonie si grande par les souvenirs qu'elle a rappelé, et par les heureux présages qui l'ont accompagné, a manifesté au plus haut dégré l'enthousiasme que les exploits de l'invincible armée ont excités dans toute l'Europe. — Les lettres que j'ai envoyé porter m'avaient été remises, mais c'était bien à tort qu'on me les avait adressé. — Il n'y a nul profit à combattre des ombres; en vain croyez-vous les avoir écarté par le glaive de la calomnie; elles reviendront vous obseder, et vous demander raison des outrages dont vous les avez accablé. — Effrayé de la route qu'avait pris Ronsard, c'est en la quittant qu'il a retrouvé le naturel et la délicatesse qu'on a toujours admiré dans Marot. — C'était une sorte de convenance poëtique, reste de l'influence qu'avait si long-temps conservé parmi nous l'institution de là chevalerie. — Après avoir examiné ces lettres qu'on m'avait apporté comme suspectes, je les ai laissé passer sans difficulté. — Un bal a suivi cette fête charmante; là, mères et filles se sont tour à tour applaudi, encou-

ragé, succédé. — Les propositions que nous avons présenté relativement à la fixation des limites de la Loui-
siane, l'Espagne, dit-on, ne les a point accepté. —
Quelques puissent être vos moyens de défense dans
cette affaire, quelques bonnes raisons que vous ayez à
alléguer, vous perdrez votre procès. — Toute étourdie
qu'est cette demoiselle, jamais on ne l'a vu oublier les
choses mêmes tant soit peu importantes dont elle s'est
chargé. — Les maladies des yeux que l'humidité de
l'air a rendu si fréquentes, ont trouvé un grand soulagement dans l'application des eaux que ce célèbre ocu-
liste a composé. — Cette femme m'a causée beaucoup
de chagrin alors que je l'ai surpris tout en pleurs. —
Combien de fois, mes amis, ne vous ai-je pas conseillé
et prié de mettre tous vos soins à acquérir des connaissances précieuses! — Il suffit de nous accoutumer à
une chose, pour qu'elle nous devienne nécessaire; et
par cela seul que nous l'avons eu un jour, nous la vou-
lons encore un autre jour. — L'espérance que vous
m'avez laissé entrevoir, ne peut plus flatter mon cœur;
je suis malheureux, et j'ai mérité de l'être. — Combien on trouve dans Horace de beautés neuves et har-
dies que Virgile lui-même n'a point égalé! — Une
haute renommée attend celui qui s'élancera avec courage dans la lice qu'ont parcouru l'aigle Thébain et le
cigne de Tibur. — Ces mères infortunées, mus par des
sentimens bien différents, criaient toutes ensemble;
les unes disaient : Ils nous ont laissé massacrer nos enfants; les autres s'écriaient : Ils nous ont laissé égorger; d'autres enfin criaient plus douloureusement : Ils
nous ont laissé étrangler par de barbares soldats qui
nous ont enlevés nos filles et nos époux ! — Comme je

vous voyais davantage, ce respect, cet attachement, et cette pure amitié, se sont accru. — Institué par une dévotion égarée, cette fête portait l'empreinte de la barbarie des siècles qui l'avaient vu naître. — Ce sophiste a eu beaucoup d'imitateurs qui se sont proposés pour objet de peindre les mœurs de ces deux nations qu'ils avaient vus de très près. — Cette ode est belle, je l'ai entendu réciter par l'auteur dans une séance publique de l'Institut. — Les prunes nous sont venu de la Syrie; ce sont les anciens comtes d'Anjou qui les ont transporté dans leur province. — Cette jeune personne s'étant déplu dans la maison honnête où on l'avait placé, ses parens l'en ont aussitôt retiré, à leurs grand déplaisir. — Les Toscans ont plus de terres qu'ils n'en ont cultivés jusqu'à ce jour, tandis que les Gaulois en manquent. — Depuis que madame d'Albane et M. de Selcour habitaient cette masion qu'ils avaient choisi ensemble, ils s'étaient senti attiré l'un vers l'autre par un charme toujours renaissant. — Dès l'an 9, il avait formé ès mains de mon tuteur une opposition à la délivrance des déniers provenant de la vente mobiliaire; en l'an 10, il dirigea son action tendante à la reddition du compte de tutelle. — Tous ces lieux communs nous reveleront-ils des beautés qu'on n'ait point encore apperçu? Ils en diront bien moins que le peu de lignes que Racine a consacré au père de la tragédie. — Mentor reprit ainsi: J'avoue qu'il a fait de grandes fautes; mais cherchez dans la Grèce et dans tous les autres pays les mieux policés, un roi qui n'en ait point faite d'inexcusable. — On dirait qu'il s'est chargé de ramener dans le sein de l'église tous ceux que le schisme en a séparé; il les presse par ses raisons, il les convainct

* 2

par ses expériences. — Elle a vu la mort, elle l'a vu plusieurs fois dans son plus terrible appareille, sans en être émue; elle l'a senti sur elle-même sans s'étonner. — Combien d'ames timides a t'elle encouragé par sa profession publique de dévotion! Combien de fausses vertus a t'elle redressé par les regles qu'elle a prescrit à la sienne! Combien de désordres a t'elle arrêté, moins par la force de ses corrections, que par la persuasion de son exemple! — Il vint en diligence, jour et nuit, sur le bord de la mer, et passa par des chemins qu'on avait toujours cru absolument impratiquables. — Le psalmiste dit qu'à la mort périront toutes nos pensées : oui, celles que nous aurons laissé emporter au monde, dont la figure passe et s'évanouit. — Ne faites rien, mon fils, qui ne soit digne des grands exemples que vous a laissé votre père, et des maximes de vertu que j'ai taché de vous inspirer. — Il remarqua dans ce noir séjour beaucoup d'impies hipocrites, qui, faisant semblant d'aimer la religion, s'en étaient servi comme d'un beau prétexte pour contenter leur ambition. Le Dieu dont ils se sont joué, et les divinités qu'ils ont rendu méprisables aux hommes, prennent plaisir à se venger des insultes qu'ils ont reçu de ces impies. — Cette circonstance que les historiens ont soigneusement remarqué, fait voir quel jugement nous devons porter de ces ouvrages qu'on a tant vanté chez les Anciens. — Il n'est pas un homme, quelque soit sa condition, quelque profession qu'il ait embrassé, qui ne se croie obligé de dénaturer sa prose par des termes empoulés. Un apothicaire, par exemple, donne avis au public, qu'il débite à trois francs la bouteille une drogue qu'il a confectionné; il dit qu'il a interrogé la nature, et qu'il l'a forcé d'obéir à ses loix.

Il est un genre d'affectation qui est aujourd'hui fort en vogue; les bons auteurs néantmoins s'en sont toujours bien gardé, convaincu que rien n'est beau que le vrai, suivant la maxime qu'a établi Boileau. — Saint Augustin a dit en parlant des Romains : Dieu les a rendu vainqueurs des peuples et maîtres d'une grande partie de la terre à cause de la justice et de la modération qu'ils ont toujours montré. — La nature s'est complue à enrichir la France de tous les dons qu'elle aurait pu desirer; c'est un pays où tous les genres de productions abondent, et qui se glorifie à juste titre des grands hommes qu'elle a vu naitre. — Les défauts que la critique avait signalé dans cet ouvrage, en ont disparu ou se sont beaucoup affaibli; des beautés que le sujet appelait de lui même les ont heureusement remplacé. — La naissance et la fortune, quelques brillantes qu'elles soient, ne sauvent pas un homme de la foule dans laquelle il est confondu. — Tout entétée que parait cette dame, elle s'est souvent rendu volontiers aux observations que nous lui avons fait. — Les palais et les églises qu'on avait commencé à construire, furent interrompu à cause des circonstances où l'on se trouvait. — Les Siciliens rendirent à Cicéron plus d'honneurs qu'ils n'en avaient jamais rendus à aucun préteur. — Oui, ma fille, il faut partir, je vous ai vu; nos cœurs se sont parlé, nous n'avons plus rien à nous dire que de tendres adieux. — Je connais les ouvrages que votre ami a composé, je les ai lu avec un intérêt et une satisfaction véritable; l'opinion qu'il m'a donné de sa maniere d'écrire est tel, que je crois avec raison qu'il ne peut sortir que de très-bons ouvrages de ses mains. — Les sociétés choisies que votre ami a toujours fréquenté, les excellens écrits qu'il a toujours lu, l'application qu'il a constamment montré pendant le temps de ses études, ont dus former son style, et le rendre lui-meme très-habile à écrire facilement sur toute sorte de sujets. — Ce jeune homme s'est nourri de la lecture des poëtes célebres qu'a produit la France si feconde en grands hommes; il connait ceux que l'antique Italie a vu naitre, il les a plusieurs fois traduit en français : il n'est donc pas étonnant qu'il ait emprunté de ces divers écrivains quelques-unes de ces beautés males qu'il a admiré dans leurs ouvrages.— Je vous engage à lire souvent les bons écrivains qu'Athene et Rome se glorifie à juste titre d'avoir produit; et, quelque soit la science de votre ami, quelques connaissances qu'il aye acquit chez les Grecs et chez les Romains, je ne doute pas que vous ne puissiez l'égaler un jour. — Dans la société n'avez-vous jamais redit l'epigramme, les vers plaisans ou les couplets malins que vous aviez entendu dire ? — J'ai composé quelques vers héroiques, je les ai récité, et je ne les ai laissé copier par personne. — La conversation fut réciproque, et par là furent écarté les nuages qu'aurait élevé entre nous l'amour-propre ou la vanité. — Ceci me fournit l'occasion de faire moi-même une remarque que je n'ai vu consignée dans aucun écrit. — Dans les recherches que l'auteur s'est proposé, il croit avoir suivi une marche que personne ne s'était encore tracé. — Que ferons-nous des républiques anciennes et modernes ? Comment Dieu les a t'il laissé prospérer et offrir à la terre d'aussi grands spectacles? — Il serait fort aisé de multiplier les citations; mais, en nous arrêtant trop sur le fonds des choses, nous nous sommes ôté les moyens de nous étendre un peu sur la forme. — Ce marbre fut enlevé sur les Perses qui s'étaient proposé d'en faire un monument pour consacrer le souvenir de leurs victoires futurs sur les Grecs. — A Rome, les femmes même se livraient au vin, et l'on en a vus qui, à toutes les santés qu'elles portaient, buvaient autant de coups qu'il y avait de lettres renfermé dans leur nom. — Il appartient à l'Amérique de réclamer fortement les droits qu'on a méconnu, et de défendre une cause que l'intrigue a portée les Puissances européennes à trahir. — Ce zèle pur et intrepide a eu la recompense qu'il a véritablement merité, quelque soit l'opinion qu'on puisse avoir sur cette affaire. — Croyez-vous ne devoir compter pour rien les trente années que nous avons servis dans les troupes, exposé aux plus grands perils? — Ces causes que nous avons seulement laissé entrevoir, n'ont pu étonner les personnes que nos malheurs ont accoutumé à reflechir. — Cette bonne mère s'est enfin laissé attendrir par les larmes de sa fille qui l'avait cruellement offensé. — Sa maladie a été longue, mais il l'a soutenu avec une resignation que tout le monde a admiré. — Dans cette situation, il reçut de sa famille toutes les consolations qu'il en avait espéré, et qu'il avait si bien mérité de recevoir. — Loin des bords qui nous ont vu naitre, toute la nature est diminuée, et n'est plus que l'ombre de celle que nous avons perdu. — On ne saurait croire que des critiques tels que ceux que j'ai nommé plus haut, se soient laissé aller à de pareils écarts d'imagination. —

Que d'erreurs en matiere de gout ont eu à abjurer ces hommes que l'on avait régardé jusqu'à présent comme des oracles infaillibles! — Versailles étalait toutes les merveilles que Louis quatorze avait rassemblé de toutes parts ; son salon et sa galerie superbe s'enoblissaient par les trophées des conquêtes qu'il avait fait ; la Religion le bénissait dans les temples qu'il avait reconstruit, ou reparé, ou enrichi. — Les rois sont tout puissans ; jamais la somme des éloges qu'on leurs adresse, ne pourra, quelqu'elle soit, entrer en proportion avec le besoin qu'on a de leurs plaire. — La rage n'épargna pas le bon Henry outragé, à cette affreuse époque, dans tous les monumens que lui avait élevé la pieté et la reconnaissance. — Il faut qu'on favorise les Genevois dans nôtre province autant que le gouvernement de Sardaigne les a vexé en Savoye. — Les torches que vous avez laissé allumer, n'ont pu leurs servir dans la route obscure qu'ils ont parcouru ; ils les ont laissé s'éteindre avant qu'ils eussent atteints la première borne. — L'Egypte est devenu le théâtre des plus étonnantes merveilles que Dieu ait opéré en faveur d'Israel. — Tout aimables et toutes pressantes que sont vos recommandations, quelle que satisfaction que j'éprouverais en y ayant égard, je ne puis rien faire en ce moment pour votre ami. — Ce général fit venir de force les soldats qu'il commandait, après les avoir inutilement envoyé chercher. — Cette femme qu'on a toujours chéri, s'est vue outrager sans raison ; on aurait du neanmoins respecter les vertus et les principes qu'elle a constamment professé. Elle s'est vue insulter par des hommes qui, ne l'ayant jamais connu, l'ont jugé toute autre qu'elle n'est réellement. — Olearius, critique allemant, a fait à Philostrate plus de plaies qu'il n'en a guéris. — On ne saurait accuser mon père d'avarice, lui qui a consacré au soulagement des pauvres le peu de fortune qu'il a amassé. — Quels que progrès qu'ait fait l'empire de la Russie, quelles que richesses qu'il ait accumulé, il reste encore a faire, dans ce pays, beaucoup de choses que le Gouvernement a projeté. — Combien d'evénemens de cette nature dont la mémoire s'est perdu, ou que la tradition a défiguré! — Les orateurs et les poëtes ne savaient pas que ces victoires qu'ils avaient celebrés avec tant de pompe, fussent dues a une maitresse qu'ils avaient vus chasser avec ignominie. — Que de princes se sont laissé gouverner par des ministres qui n'ont pas manqué d'abuser pleinement de la confiance que leurs avaient accordé ces monarques fainéans! — Les philosophes, dit un critique, n'ont rien inventé de ces niaiseries dont ils nous ont si long-temps fatiguées les oreilles. — Cette prétendu lumière qu'ils se sont vanté d'apporter au monde, est le feu dévorant qui jadis y fit de si grands ravages. — Si les Vénitiens s'étaient contenté de la mer ou ils avaient conquis tant d'isles opulentes, les délices de la terre-ferme ne les auraient ni corrompu ni amolli. — Quant Socrate fût sorti du bain, on lui présenta ses trois enfants qu'il n'avait pas vu depuis plusieurs jours; il donna ordre aux femmes qui les avaient amené, de les reconduire dans sa maison. — On trouve dans ces élements une histoire agréable de la poésie, des causes qui, chez les uns, l'ont élevé au plus haut dégré de gloire, et qui l'ont empéché, chez les autres, de prendre un aussi brillant essort.

Il sera placée à l'entrée de la nouvelle promenade une inscription qui rappellera que le prince a daigné embellir une ville qu'il a antérieurement honoré de sa présence. — Quelles leçons nous a-t-il donné dans cet ouvrage ? quelles regles nous a t-il prescrit ? — Que de voyageurs ont porté à des peuples sauvages des arts qui ne sont un besoin, que pour les nations qui les ont connu, et qu'on a presque partout introduit, les armes à la main ! Mais il en est peu qui, ayant porté des lois et des mœurs chez les nations sauvages, les ayent enseigné au péril de leur vie et au prix de leur propre sang. — Notre habile critique a relevé les erreurs qu'a fait cet écrivain mal adroit, il a rétabli les bonnes leçons que celui-ci avait oté pour y substituer ses rêveries. — Nous avons été forcés d'ouvrir dans ce commentaire plus de paragraphes que Valence n'en avait ouvert lui-même, et de marquer d'un numéro courant tous les alinéas. — Elle s'est vanté d'avoir rétabli tous les droits et tous les priviléges de favorite que la duchesse avait laissé tomber dans l'oublie. — Ce peuple eut des médecins, des astronomes, des géométres, des chimistes, des poëtes mêmes, tout, exceptés des orateurs. — Les églises qu'on avait laissé subsister, furent rendues aux communes qu'on chargea de les faire restaurer à leur frais. — Les maximes qui boulverserent alors la société sont les mêmes que celles qu'on a répandu depuis; mais qui peut-être assez aveugle pour ne pas reconnaitre dans ces maximes, qu'on n'a que trop accredité, la cause de toutes les horreurs que nous avons vu, de tous les maux que nous avons soufferts ? — Pontius pouvant anéantir l'armée romaine qui s'était laissé prendre dans un défilé, se contenta de la faire passer sous le joug. — Cet homme qui veut faire l'esprit fort, pense t-il nous avoir porté par-la à avoir désormais bien de la confiance en lui ? pense t-il nous avoir bien réjoui en nous disant qu'il doute si notre ame est autre chose qu'un peu de fumée ? — Un auteur moderne attribue aux vêtemens des Turcs le peu de progrès qu'ils ont fait dans la civilisation. — Les difficultés que l'artiste a eu à vaincre, et qu'il a fallu surmonter avec gloire, étaient considérables. — Quelques-uns ont donné trop de confiance aux légendes de l'Ordre, et par là se sont laissé entrainer dans une erreur bien grave. — Les difficultés d'une entreprise seraient un sujet de reproche pour celui qui, ignorant les bornes de son esprit, l'aurait temerairement hazardé, et y aurait honteusement echoué ; elles sont un sujet d'éloge pour celui qui les a heureusement surmonté. — Ayez pitié de ces malheureux qu'on a laissé inquiéter jusqu'à ce jour, bien qu'on n'eut rien à leur reprocher. — Il n'est aucune ouverture pacifique que, roi, je n'eusse écouté, aucune proposition que je n'eusse accepté, si on l'avait fait avec des intentions pures et franches. — L'armée russe occupait une superbe position que la nature avait rendu très forte, et que l'ennemi avait encore fortifié par un travail de quatre mois. — On ne saurait dire les soins et les peines que nous a coutés ce genre d'occupation très difficile. — On a pu voir combien l'armée ennemie était faible ; cinq jours de combats l'ont successivement délogé des positions les plus formidables qu'elle avait choisi, et des retranchemens qu'elle avait employée plusieurs mois à fortifier. — Quel siecle mémorable que celui où fleurirent les plus heureux génies que les lettres aient produit depuis les Grecs et les Latins ! — Ces critiques n'ont jamais refusés de rendre justice aux bons livres qu'ils ont vu paraitre; ils se sont même toujours réjoui des nouvelles richesses que nous avons acquis à la poésie et à l'éloquence. — Gessner a laissé, avec les petits poëmes que j'ai lu, les morceaux de poésie les plus sublimes peut-être qu'on ait publié depuis Homère. — Divisé par les haines, énervé par le luxe, accablé par le despotisme, les Romains étaient dans l'impuissance de faire face aux nombreux barbares du nord, qui, ignorans la mollesse, affrontants les dangers et la mort, avaient appris à vaincre dans les armées romaines. — Ce théâtre fait reparaitre avec succès d'anciennes pièces que la comédie française a depuis long-temps négligé et laissé dormir dans son riche répertoire. — L'armée ennemie se voyant jetée sur cette Vistule qu'elle s'était vanté de vouloir passer, se montre alors rangée en bataille. — La connaissance des difficultés que le peintre a eu à surmonter, la recherche des moyens qu'il a employé pour parvenir à cette imitation, sont encore un sujet de plaisir pour l'amateur délicat. — Cette pièce fait horreur; il y a environ dix ans que je l'ai vu jouer sans succès par Talma et par mademoiselle Raucourt. — On vint leur présenter la bataille dans la position qu'ils avaient eux-mêmes choisis. — Voilà une des plus grandes héresies littéraires qu'on ait jamais proféré. — Les Anciens n'ont pu être égalés par les personnes même qui les ont le plus heureusement imité. — L'objet qu'il s'est proposé est de montrer quelles variations a subi depuis le onzieme siecle, le sistême d'equilibre qui a été le prétexte de toutes les guerres que nous avons eu. — Il a entrepris de décrire les diverses révolutions qu'ont éprouvé depuis la chute de l'empire d'Occident, l'Europe en général, et en particulier chacun des Etats qui la composent. La révolution française et les guerres qui l'ont suivi, étaient hors du plan de l'auteur. — C'est ainsi que les Francs avaient obtenu des terres dans la Gaule Belgique, et qu'on en avait accordées dans la Pannonie et dans la Thrace aux Vandales et aux Gots. — Les rois enivrés de leur propre grandeur oublient quelquefois, hélas! celui qui les a fait grands. — Elle s'est imaginée, (voyez quelle injustice!) que cette favorite n'avait plus la même aversion qu'elle pour cette bonté de cœur. — Il y aura demain un an, ma fille, que je ne vous ai vu, que je ne vous ai embrassé, que je ne vous ai entendu parler, et que je vous quittai à Charenton. — On n'a pu rendre, par la gravure, les teintes brillantes que le temps a imprimé sur ces ruines antiques. — Son père, en lui donnant des marques de son affection, ne laissa pas de lui reprocher le peu de confiance qu'il avait eu en lui. — Conrad remarqua sur la figure de son maître un calme, une sérénité qu'il semblait avoir perdu pour jamais. — Ce prince fit plus de conquêtes, par cette voie, que les autres rois n'en avaient faites par les armes. — Pleurs, bel enfant; les larmes que tu as répandu ont attendri tous ceux qui les ont vu couler. — Baléazar est aimé des peuples; en possédant les cœurs, il possède plus de thrésors que son père n'en avait amassé par son avarice cruelle. — Qui pourrait dire combien de larmes nous ont coutés ces divisions toujours longues, dont on ne peut demander la fin avec trop de gémissemens? — Notre voyage a été fort heureux, quoique nous eussions du verser vingt fois pour une, tant la tristesse qui s'était emparé de nos gens, rendait tout le monde inattentif. — J'avais demandé tous mes livres, et l'on ne m'en a envoyé que fort peu. — Il a été érigé une statue en l'honneur de M. Pitt, et ce sont les négotians de Londres qui la lui ont elevé à leurs frais. — Tels sont les causes fort difficiles qu'ils ont eu à plaider, et qu'ils ont plaidé avec une éloquence que tout le monde a admiré. — Nous devons suivre en tout point le mode et la forme que le gouvernement a voulu. — Les philosophes, en analisant l'homme comme un être purement matériel, se sont trop souvent égaré sur sa nature, que quelques-uns d'entr'eux n'ont pas ennoblis. — Les vases que j'ai envoyé à réparer, m'ont coutés fort chers; c'est un marchand Italien qui me les a vendu, il les avait apporté de Milan. — L'auteur a poussé le scrupule jusqu'à altérer le moins qu'il fut possible les fables qu'il a cru propres à entrer dans son recueil. — Les pièces de Crébillon s'étaient succédé assez rapidement; mais la tragédie que nous avons vus représenter, a joui d'un des succès les plus éclatans et les plus soutenus qu'on ait jamais vu au théâtre. — Fontenelle surprit un jour le Cardinal Dubois jettant au feu une très grande quantité de lettres qu'il avait laissé s'accumuler sur sa table, sans les ouvrir.

Que de gens ignorent les premiers principes de l'ortographe qu'on a négligé de leur enseigner! mais il y en a beaucoup plus, hélas! qui pêchent journellement contre la théorie des participes qu'ils n'ont jamais étu-

dié. — Si vous voulez corriger avec attention les fautes
de toute espece que j'ai consigné à dessin dans cet ouvrage, je ne doute pas que vous ne parveniez bientot à
connaitre les regles sur le participe, que les gens de
lettres eux même ont si souvent méconnu et violé. —
Jupiter rendit à Saturne le trone et la liberté que ce-
lui-cy avait perdu, pour avoir manqué à la promesse
que Titan son frere avait reçu de lui. — Dans la boëte
que Jupiter remit à Pandore, était renfermé l'effroy,
la douleur, le desespoir et l'espérance. — Quelque soit
l'indulgence de vôtre pere, quelque bonté qu'il vous
aye toujours témoigné, il ne soufrira pas que ses enfans perdent leur temps à jouer. — Si vous ne profitez
pas des talens et des heureuses dispositions que vous
avez reçu de la nature, vous vous rendrez coupables
envers l'être tout puissant de qui vous tenez les avantages dont vous n'aurez pas profités. — Quoi de plus
cruel que l'esclavage et la misere! cependant je les ai
toujours preferé au deshonneur. — Aristote a parlé des
animaux avec l'elégante simplicité que les Grecs ont
porté dans toutes les productions de l'esprit. — M. de
Launoy, critique formidable, a detroné plus de saints,
que dix papes n'en ont canonisés. — Il est beaucoup de
personnes qu'une fausse lueur a precipité dans les sistêmes; les unes sont resté en deça des bornes prescri-
tes, les autres malheureusement les ont outrepassé. —
Après avoir consideré les savans dans le silence du cabinet, il faut les environner des personnes qui les ont
accompagné dans la carrière, et les comparer à celles
qui les ont précédé. — Ces pirates se sont vu arracher
les dépouilles qu'ils s'étaient approprié. — On recon-
nait dans cet ouvrage l'empreinte des maux que M. de

la Harpe a souffert ; plaignons-le d'avoir commencé sa
vieillesse à une époque où les espérances qu'il avait
conçu, les illusions qu'il avait chéri, la fortune et l'estime qu'il avait, pour ainsi dire, conquis, les arts qui
avaient rempli tous les instans de sa vie, périssaient
avec la gloire et le repos de son pays. — Si j'ai obtenu
cette place importante que j'ai demandé, il est vrai,
je crois néanmoins que je l'ai bien mérité. — Cette
expérience est fort belle, je l'ai vu faire avec succès,
et je ne doute pas qu'elle ne réussisse toujours. — Les
troupes ennemies ont traversé nos postes qui les ont
laissé passer sur un faux bruit de suspension d'armes.
— Cette femme est veuve d'un scélérat ; or la femme
qui s'est laissé séduire par un objet de cette espèce, est
bien peu digne de notre estime. — La célébrité de cet
ouvrage et le nom seul de l'auteur suffisent pour justifier les éloges unanimes que nous avons entendus donner à cette production qu'on a attendu impatiemment
jusqu'à ce jour. — Moliere fut un grand génie, un
observateur profond ; il ouvrit la carrière qu'il a si
glorieusement parcouru, et il semble l'avoir fermé pour
jamais. — Une foule de gens d'esprit que je connais,
se sont consumé et se consument encore à embrouiller
et à debrouiller de penibles intrigues. — Les treize
dernieres années offrent plus d'évenemens mémora-
bles, que souvent on n'en a vus dans un siecle entier.
Les sources que nous avons vu se tarir, auraient pu
être d'une grande utilité aux habitans de nos campagnes. Pourquoi ne les a t'on pas soigneusement garanti
de la sécheresse ? — Les obstacles que la cour de Rome
avait opposé à Henry quatre, et la faveur odieuse qu'a-
vait accordé cette cour, du temps de la ligue, aux pre-

tentions injustes que la branche de la maison d'Autriche, régnante en Espagne, avait formé, laisserent des
ressentimens dans le cœur des descendans de Henry.
—Les nobles s'étaient laissé depouiller presque sans resistance, et n'avaient excités d'abord aucun mouvement dans l'intérieur : voila une assertion qu'on n'a
jamais dementi. — Le prolongement des secousses de
la revolution, les crimes qu'elle a entrainé à sa suite,
ce sont les guerres extérieurs qui les ont occasionné.
—La ville d'Avignon est mal batie, irréguliere et sans
beautés; mais les murailles gotiques et les ramparts
dont l'ont entouré différens papes, se sont bien conservé, et sont faits pour piquer la curiosité. — Il fallait lever des taxes, et l'on en a déja levé beaucoup;
il fallait aussi des hommes, et combien n'en a t'on pas
enrolé!—Mezieres, Charleville et Rocroy sont des
places fameuses par les siéges qu'elles ont soutenu,
par les batailles sanglantes qui se sont livré sous leurs
murs. — Je fus sur le point de ne pas trouver d'asile à
l'auberge, à cause de ma barbe que j'avais laissé croi-
tre, ce qui me faisait regarder comme un juif. —Voltaire, qui n'aima jamais Crébillon, parle des larmes
d'attendrissement que les succés d'Electre et de Rha-
damiste lui ont coutées.—On demandera compte à cet
odieux ministre des maux qu'il a laissé faire, et de
ceux qu'il a fait lui-même sciemment. — Quels éloges
n'a t'on pas donné aux ouvrages de Nicole, de Descar-
tes, et de tant d'autres philosophes que la France a produit depuis soixante ans! Quelle gloire ne se sont point
acquis les Racans et les Malherbes! Combien d'honneurs n'a t'on pas rendu à Racine et à Moliere dont
vous connaissez les ouvrages, puisque vous les avez vu

jouer! — Mes sujets sont-ils donc criminels pour ne
s'être pas laissé séduire par des promesses aussi fausses ? Quelle patience et quels talens n'a t'il pas fallus
pour instruire ce jeune-homme, et pour lui faire re-
conquérir, d'un côté, les avantages qu'il avait perdu
de l'autre! — Vous avez tellement ébranlé les esprits,
qu'ils se sont faits des routes nouvelles dans le cerveau,
et l'habitude de penser comme vous les a tenu toujours
ouvertes. — Quelles que prieres qu'on ait adressé à
Dieu, il n'en a pas fait verser moins de larmes; quelles qu'imprécations qu'on ait lancé contre lui, il n'en
a pas répandu moins de biens. — Ce charme heureux
embellit les heures que la Providence nous a accordé;
il anime les désirs que le mélange des douleurs n'a pas
flétri, que l'expérience n'a pas éteint. — Je pense que
je ne serai pas le plus utile de tous ceux que vous avez
envoyé chercher. — Il ne nous a laissé partir qu'à condition que nous irons le voir à sa maison de campagne.
— Vous m'opposez vos succès éclatans et ceux que vous
m'avez valu ; vous m'opposez les suffrages que le public vous a accordé ; et moi, j'ai à vous opposer les effets ridicules qu'a toujours produit cette manière de
déclamer. — La nymphe Périmèle s'étant laissé séduire
par le fleuve Achéloüs, fut précipitée par son père
dans l'empire des eaux. — Il a été publié à Vienne
une proclamation par laquelle notre Souverain prend
l'engagement de travailler à la prospérité de ses États,
qu'il a toujours eu en vue, et qu'il a toujours cherché
à maintenir. — Il faudra, a t'il dit, bien des années
pour guérir les plaies profondes que la guerre a fait,
et pour effacer les traces des maux que cette malheureuse catastrophe a produit. Uni à mon peuple par les

liens d'un amour et d'une confiance illimité, je ne croirai avoir assez fait pour mes sujets, que j'ai toujours chéri, que quand les calamités qu'ils ont essuyé, seront entièrement oublié, et que j'aurai établi sur des bases solides la paix de l'Autriche que j'ai acheté par de grands sacrifices.

Que de suites funestes ont eu les rêves de la liberté illimitée et l'affaiblissement de cette supériorité patriarchale parmi nous! Que de dangers cette désorganisation domestique n'a t'elle pas multiplié dans la société par ses rapports avec la grande famille! — Nos richesses en poësie française se sont accru au point de nous rendre indifferens à tout ce qu'on voudrait y ajouter encore. — Les essais de poésie latine, dont on nous a regalé dans ces derniers temps, n'étaient pas faits pour rappeler en nous un gout que de puissans motifs nous avaient fait perdre. — Là ces vétérans conserveront le souvenir de leurs exploits et l'orgueil des victoires qu'ils ont remporté; ils inspireront à leurs nouveaux concitoyens l'amour et le respect du à la Patrie qu'ils ont aggrandi, et qui les a recompensé. — Parmi les vrais gens de lettres que la France a produit, il n'en est pas qui mérite plus d'être connu et qui le soit moins que le Père Buffier. Que de services, en effet, n'a t'il pas rendu à la littérature! que d'ingratitude pourtant n'a t'il pas eprouvé de la part de ceux qui auraient dus faire le plus grand cas de ses productions! — De tous ceux qui se sont proposés d'éclairer la terre, il n'en est aucun qui, à l'en croire, ne prétendit en assurer le bonheur. — Je coucherai dans cette

cabanne sur une natte que j'aurai tissu, et je m'y nour-
rirai des alimens simples que j'aurai moi-même ap-
prêté. — Ces gens la ne veulent pas que leurs enfans
reçoivent plus de soins que leurs pères n'en ont reçus.
— Je sais combien Crébillon a publié de tragédies;
mais combien n'en a-t'il pas composé, qu'on n'a pas
retrouvé après sa mort! — La ville de Dijon se glorifie de compter Bossuet, Buffon et Crébillon qu'elle a
vu naitre, parmi les hommes qui se sont rendu illustres par leurs travaux littéraires. — Cette actrice s'est
entendu applaudir bien souvent, après s'être vu expo-
sée aux sarcasmes du parterre qui l'avait, pour ainsi
dire, proscrit. — La philosophie, cet heureux don du
ciel, conservait encore sa noble origine; elle ne ten-
dait qu'à rendre meilleurs ceux qui l'avaient embrassé.
— Il s'est attaché à faire partager aux jeunes-gens les
peines et les travaux de ces hommes courageux qui ne
se sont pas laissé abattre par l'adversité. — De pareilles mémoires méritent d'être lu; on doit savoir grés à
l'éditeur de les avoir ajouté à sa collection, et de les
avoir exumé des recueils académiques où peu de gens
du monde se seraient donné la peine de les chercher.
—Voici les papiers que j'avais jugé, Madame, importans de vous communiquer, afin que vous pussiez y de-
mêler les vrais sentimens de la personne dont je vous
ai parlée. — Les dégouts dont ces écrivains honnêtes se
sont laissé abreuver, n'ont pas peu contribué à rendre
leur existence malheureuse. — N'est-ce pas trop s'arrêter sur un ouvrage jugé par cela même qu'il offre
des constitutions à un peuple qui n'en demande à personne, et auquel, pour son malheur, on en a plus
donné qu'il n'en a jamais desiré. — Mes amis que j'ai

vu dépouiller par d'infames brigants, ne leurs ont opposé aucune resistance, parce que la mort devait être
le prix de leurs courage. — Je croyais que cette femme
était plus censée; du moins elle me l'avait paru, quand
je l'entendais causer avec les personnes instruites
qu'elle a toujours fréquenté. — Tout porte à croire que
c'est une pognée d'avanturiers qui se seront fait jetter
dans cette colonie. — Oui, ces hommes vertueux se
seraient laissé égorger plutôt que de renoncer à la religion qu'ils avaient embrassé; et en cela, sont-ils con-
damnables? je ne le crois pas. — Les auteurs ont voulu
éviter tout ce qui pourrait éveiller les parties; mais
une coupable faiblesse ne les a pas empeché de faire
entendre le langage austere de la verité. — C'est la la
plus douce recompense que puisse recevoir de ses enfans une mere qui ne s'est pas contenté de les mettre
au monde, mais qui fait, du soin de leurs être utile,
l'ocupation et le bonheur de sa vie. — Comment pou-
vons-nous rendre compte de cette tragédie? nous n'en
avons jamais entendus parler, et nous ne l'avons jamais
vu jouer; cependant, comme je connais l'auteur de la
piece, je ne crois pas qu'elle soit aussi bonne qu'on
nous l'a assurés. — Les Anglais avaient senti cet inconvénient, et ne s'en étaient pas laissé effrayer; ils n'i-
gnoraient pas qu'il fallait beaucoup de temps pour
qu'on put relever la marine militaire de la Hollande,
que Guillaume cinq avait laissé tomber dans un état
déplorable. — Quelque soit votre manière de penser,
vous avouerez que, de tous les gouvernemens qui se
sont succédé en France, aucun d'eux n'a rompu une
alliance que ses prédécesseurs avaient conclu. — Presque tous les poëtes qui se sont élevé à des conceptions

d'un ordre relevé, ont preludé sur le chalumeau des bergers : voila une remarque que vous aurez sans doute fait comme moi. — Leurs projets sont accomplis, et la France est vengé de la dégradation où une fausse politique l'avait malheureusement laissé tomber. — Qui est-ce qui se soucie de savoir que la rose était autrefois une reine nommé Rhodonte, et que cette reine, fiere de sa beauté, s'etant preféré à Diane, fut changé en fleur ? — Chers compagnons, pourquoi vous êtes-vous laissé prendre aux promesses qu'ils vous ont fait ? Vous savez combien est grande la perfidie qu'ils ont toujours montré. — Un Dieu m'eclaire, me touche en ce moment par la lecture des livres saints que j'avais toujours négligé de lire, parce qu'on ne me les avait pas assez vanté. — Avez-vous vu ces Dames? les avez-vous assuré de mon respect et du desir que j'ai de leurs rendre service? — Que ces hommes sont coupables! Si on les avait laissé faire, ils auraient couvert de ruines le plus beau pays qu'on puisse voir. — Pourquoi ne pas aimer les choses de ce bas monde, puisque Dieu lui-même nous les a donné ? — Les Romains déclarerent infames tous les prisonniers que Pyrrhus avait renvoyé, parce qu'ils s'étaient laissé prendre sans aucune résistance. — Un écrivain a dit : La religion naturelle n'est qu'un terme vuide de sens, dont les philosophes se sont servi pour avoir l'air de mettre quelque chose à la place des religions qu'ils ont calomnié et qu'ils ont voulu détruire. Beaucoup de personne se sont laissé abuser par leur doctrine équivoque. — J'ai eu besoin de relire sa lettre, de détruire par de longues réflexions l'impression que m'avait fait le danger qu'il vient de courir. — Ces vérités éternelles, oui, c'est vous qui me les avez revélé ! Je les avais oublié si longtemps, et j'étais assez sot pour me croire éclairé ! — Si l'on en croit cet écrivain moderne, l'organisation de l'homme le rend susceptible d'une perfectibilité que notre réunion en société a developpé. Ses esprits moteurs sont devenus plus abondans, sa mémoire s'est étendu, et ses connaissances se sont immensement augmenté.

La Rochefoucault, Pascal et Vauvenargue nous ont épargné et se sont epargné à eux-même une foule de lieux communs dont ils n'auraient pu se dispenser de faire usage, s'ils avaient voulu lier en système toutes leurs idées. — Les anecdotes les plus suspectes, dès qu'une longue tradition les a, pour ainsi dire, consacré, peuvent trouver place dans l'histoire, pourvu qu'on ne les donne que pour des bruits populaires : et c'est une attention que l'abbé de la Bletterie a rarement négligé d'avoir. — Cette femme auteur s'écria avant sa mort : Que d'afflictions mon ame a eu à supporter ! En voici la raison : c'est que les hommes ne l'avaient pas estimé, qu'elle avait refusé de se soumettre aux lois de la société, et que la société l'avait meconnu ; enfin, qu'elle avait dédaigné les femmes, et que les femmes l'avaient rejetté de leur compagnie. — L'auteur de la tragédie d'*Hamlet* a renoncé aujourd'hui à ses droits sur la recette de cet ouvrage. Ce n'est ni la première, ni la plus grande preuve de desintéressement qu'ait donné ce célèbre poëte tragique. — Depuis trois mois environ, la terre est constamment resté couverte de neiges qui s'y sont entretenu jusqu'à présent par des gelés continuels. — Ces comptes, ainsi que les renseignemens utiles que le sous-préfet aura jugé convenables de donner, seront mis sous les yeux du Conseil d'arrondissement par le préfet qui les aura examiné auparavant. — Rien en elle ne peut expliquer pourquoi elle s'est fait religieuse ; et, quand elle cause, elle a l'air de l'oublier tout à fait. — Si votre partie est vaincu, il vous accusera des démarches même qu'il vous aura demandé, et vous ne rencontrerez que des ames vulgaires qui se plaindront de s'être laissé entrainer par leurs chefs. — Ma mere vous plaint sincerement ; elle s'est promise de vous témoigner toute la peine que lui ont causé et que lui font éprouver vos cruelles incertitudes. — Il s'agissait de constater l'état des dépots où furent jadis renfermé les chartes, les diplomes et les lettres des Souverains qui fonderent, il y a douze siecles, confirmerent ensuite, et accablerent de leurs largesses ces établissemens si fiers de leur antiquité et de leur opulence, que peu d'années ont vu tomber dans le néant. — Que je suis malheureuse ! je cherche à me rappeler le moment où cette crainte m'est venu, le dégré d'attention que j'y ai donné, les pensées qui m'en ont détourné ! — Minos, avant de me récompenser du peu de bien que j'ai fait, du peu de services que j'ai rendu, me punit des maux que j'ai laissé faire. — Pourquoi oter à l'homme, que les sages de tous les temps ont regardé comme le chef-d'œuvre de la création, la place honorable que le Trés haut semble lui avoir assigné dans la chaine des êtres ? — Une de ces orgues que j'ai souvent entendu dans le Languedoc, passa sur le chemin ; un charme irrésistible m'entraina vers lui. — J'ai vu fabriquer dans cette belle manufacture des challes que j'avais vu vendre à Bruxelle pour challes anglais. — Quelques journaux écrits avec pureté se sont, il est vrai, imposé une tache penible et delicate, mais ils l'ont toujours rempli avec soin et avec intelligence. — J'étais heureuse ; pourquoi m'avez-vous ravie mon bonheur ? pourquoi dites-vous qu'il ne m'a jamais aimé ? Ce matin encore, je me suis rappelé des mots, des expressions qui m'ont pénétré d'une douce joye. — Il faut rendre au Dieu qui nous l'a donné, une ame que les affections sensibles ont seul occupé. — Hélas ! avez-vous donné quelques larmes aux regrets que cette lettre a ranimé dans mon cœur ! Avez-vous pressenti toutes les réflexions ameres qu'elle m'a suggéré ? — Que d'obstacles mon époux n'a t'il pas eu à vaincre pour s'unir à celle qu'il avait toujours chéri ! — Cette femme me répondit, les larmes aux yeux, ce peu de mots : A tort ou à raison, je me suis persuadé que l'objet de toutes mes affections m'a déja oublié. — Les opinions de l'auteur, qui nous ont paru trop exagéré, ont reveillé des idées sinistres qu'on avait cru totalement effacé. — Les méchantes femmes dont votre mere nous a parlé, ont comparu devant les magistrats qui les ont jugé coupables sur le témoignage de quelques personnes dignes de foy. — Je souhaitai de me montrer encore une fois à lui, reconquerant cette existence qu'il avait regretté pour moi. — Je reçus alors un billet de madame D'Arthenas qui m'informait qu'elle s'était foulé le pied en montant dans sa voiture, et qu'elle ne pouvait sortir, comme elle l'aurait desirée. — Pour composer à un écrivain tel que Voltaire cet immense patrimoine de gloire, combien d'hommes la nature n'a t'elle pas déshérité ! — Ces deux littérateurs très recommandables se sont acquis une grande réputation dans la république des lettres, qu'ils ont illustré par leurs écrits. Plusieurs villes se sont disputé la gloire de les avoir vu naître; plusieurs provinces se sont vanté de les avoir possédé dans leur sein. — Nous nous sommes bien fatigué l'esprit à chercher loin de nous des choses qu'on nous avait mis sous la main. — Vous comptez les veilles nombreuses que m'ont coûté ces œuvres! je les ai composé en très peu de temps; souvent le même jour me les a vu commencer et finir. — Je ne sais pas pourquoi cette femme s'est laissé persuader par les raisonnemens spécieux qu'on a mis en avant, et qui l'ont induit en erreur. — Nous croyons que cette piece méritait de réussir; nous l'avons vu jouer avec intérêt; aux beautés qu'il n'avait pu traduire, M. Ducis en avait substitué de son propre fond. — Quand les Romains se furent assuré la possession de la Sardaigne et de la Corse, on ferma à Rome le temple de Janus. — Il a fait l'histoire de notre décret sur le divorce, des maux qu'il a causé, des reclamations qu'il a excité, et des apologies qu'on a tenté d'en faire. — J'ignore pourquoi ces messieurs se sont établi juges dans une affaire qu'ils n'ont jamais connu à fonds. — J'ai conquis plus de terres à votre Majesté, qu'elle n'en a herité de l'empereur Charle-Quint son père, et cependant je meure de faim! — Que de vertus elle a tiré du remord! Combien elle vaut mieux que moi, qui, me trainant sur les dernières limites de la morale, essaye de me persuader que je ne les ai pas franchi! — J'ai vu des orateurs qu'on avait soupçonné de s'être laissé corrompre, quoiqu'ils eussent donné des preuves d'activité et de zèle dans l'accusation. — Pour quelques leçons utiles que la liberté de la presse a répandu dans ces temps orageux, combien de sentimens pervers n'a-t-elle pas enraciné dans le cœur des hommes! combien de familles n'a-t-elle pas perdu! combien de brigants n'a t'elle pas elevé sur les ailes de la fortune!

Les sociétés étant devenues fort nombreuses par la succession des temps, et les familles s'étant partagé en diverses branches qui avaient, chacune, leur chef, il fallut confier le gouvernement à un seul pour réunir sous une même autorité plusieurs chefs que l'intérêt aurait certainement divisé tot ou tard. — J'avais beaucoup d'affaires; quand je les ai eu terminé, je suis parti. — Le duc de Cambridge, ayant perdu son titre de lieutenant général des troupes hanovriennes, depuis qu'il les a laissé faire prisonnieres, va obtenir un commandement de même grade dans l'armée de ligne britannique. — Quels pays ce voyageur n'a-t-il pas découvert! quels monstres n'a t'il pas vu! quels habitans n'a t'il pas rencontré! quelles coutumes singulieres n'a t-il pas observé! — Les femmes ont abandonné les fonctions maternelles; les soins de la toilette ont remplacé ceux du ménage, un sein mercenaire les a suppléé dans les devoirs si doux de l'alaitement. — Quels efforts n'a t'il pas fallu, quelle resistance n'a t'on pas rencontré pour établir ces effets surprenans de communication entre l'homme qui jouit de la plénitude de ses sens, et celui qui n'en jouit qu'en partie! — Cette femme est vertueuse, je l'ai suivi dans toute sa conduite, et jamais as-

* 3

surement je ne l'aurais laissé s'engager dans des démarches aussi inconsidéré. — La divinité qui a eü
les hommages de Paris sous le nom de Mérope,
m'est toujours présente à cent lieues de Paris, comme
sur les autels où elle s'est faite adorer (1). Le général reçut des depêches importantes ; après les avoir
lu, il assemblat sur le champ ses officiers-généraux,
et s'entretint avec eux sur les mesures qui leurs
avaient déja parus les plus avantageuses. — Que
de feuilles ont disparues avec le matin qui les a
vu naître ! Cependant, tout tant que nous sommes,
nous les avons recueilli et lu avec avidité. — De
plusieurs lettres qu'il a écrit au Mareschal, voila
celle que je regarde comme la plus utile à produire ; on l'a soustrait frauduleusement du procès.
— Cette grâce, cette élégance se trouve dans ce
passage où il peint les mêmes princesses marchant
vers l'autel, pour y célébrer leur hymen. — Qu'on
voit de ces jeunes-gens à la mode, qui, possédants
des talens réels ou apparens, veulent s'en faire un
moyen de célébrité publique ! — L'influence extraordinaire que ces evenemens ont eu sur les destins de
la Grece, peuvent faire aisément pardonner les détails auxquels l'historien s'est livrés. — J'ai lu avec
beaucoup d'intérêt ces drames et ces tragédies que
j'avais déja vus jouer. — Quelle que bonne opinion
que nous ayons de notre mérite, il faut convenir

---

(1) Chose inouie ! Les fautes que l'on remarque dans
cette phrase, appartiennent à Voltaire ; la lettre où elles
se trouvent, est écrite de sa propre main.

cependant que nous avons reçu plus de lumieres des
étrangers, que nous ne leur en avons donnés. —
Je ne sais pourquoi cette femme s'est permise un
propos de cette nature, qui lui a fait beaucoup de
torts dans l'esprit de ceux qui l'avaient jugé plus
favorablement. — Vous avez su mettre fin à cette
honteuse tirannie que nous avons trop long-temps
laissés exercer jusques sur les tombeaux. — Ces monumens funebres, ces tombes antiques ont subis
d'étranges métamorphoses ; une philosophie chagrine,
non moins que vindicative, les a travesti au point de
les rendre méconnaissables ! — Combien d'hommes
que la nature avait destiné à exercer des professions
utiles, se sont fait auteurs au détriment des états
qui les reclamaient, et sans aucun profit pour eux
même ! — Quels biens, mon ami, et qu'elles richesses
réelles vous ont produit vos sauvages vertus ? —
Cette femme veut nous persuader qu'on l'a abusé,
parce qu'elle s'est laissé séduire par un homme sans
moeurs, qu'il l'a trompé et volé. — J'ai donné à
cette traduction le dégré de correction dont je l'ai
cru susceptible ; je m'estimerai fort heureux si
j'apprends que vous l'avez lû avec intérêt. — O la belle
journée qu'il a fait aujourd'hui, et que nous l'a-
vons passé agréablement ! — Elle est revenu chez
moi pour me dire qu'elle avait revu madame de
Vernon, et s'était assuré qu'elle n'avait aucun tort.
— Je succombai, et ce cri ne m'échappa qu'après
les combats les plus violens que le caractere et le
sentiment, la raison et la souffrance se soyent jamais livré. — Il ne veut pas paraitre l'esclave d'une
femme ; il revient aux intérêts de gloire et de for-

tune , qu'il se reproche d'avoir trop négligé. — Les
arbres magnifiques que vous avez vu abattre, étaient
fiers d'avoir vu Turenne et Condé se reposer sous
leur ombrage. — Les sommes que j'avais prodigué,
servirent contre moi ; les quérelles que j'avais ap-
paisé, les différens que j'avais accordé, les procès
que j'avais prévenu, me firent beaucoup d'ennemis
qu'assurement j'étais loin d'avoir mérité. — On en-
voya le dictateur Valerius contre une partie de
l'armée romaine, qui, s'étant séparé de l'autre, s'é-
tait créée un général. — Tous les habitans de la ville
se sont porté au-devant de cette généreuse princesse;
des guirlandes de fleurs se sont trouvé tendu d'un
batiment à l'autre dans toutes les rues de son passage,
en sorte qu'elle est parvenu, sous un long berceau
de rose, à la maison magnifique qu'on lui avait préparé. — Que j'ai de chagrin, hélas, que tu ayes
éprouvé autant de peines! Si je t'en ai causée,
pardonne-moi ce tort involontaire. —Quels furent à
la fois et la surprise et l'attendrissement du monarque, lorsqu'il apprit que le ministre qu'il avait eu
la faiblesse d'exiler, s'était chargé de sa défense,
qu'aucun avocat n'avait jusqu'alors entrepris! —
Nos soldats se sont reservé pour cette expédition
militaire qu'ils ont vivement souhaité ; ils se sont réservé la gloire de terminer heureusement la lutte
trop longue qui s'est engagé entre les deux parties.
— Je passai devant la maison qu'occupait autrefois
madame de Vernon ; vous savez qu'elle s'est faite
ensevelir dans son jardin, et que sa fille a conservé la maison, sans vouloir l'occuper, quoi qu'elle
l'ait orné des meubles les plus précieux. — Quelques

habitans des campagnes s'étaient laissé égarer par des gens vendus aux ennemis de la France ; *notre douceur les a faits rentrer dans le devoir.* — Les choses en sont venu à un état qui ne peut plus se soutenir ; ta femme et ta fille se sont imaginées sans doute que ton départ leur laisserait une impunité entière. — Il y a dans la conversation, des lieux communs qui deviennent insupportables avec le temps, à force de les avoir entendu repéter. — Cet écrivain prétend que la reconnaissance et l'estime sont les seuls obligations qu'un homme d'honneur contracte envers la femme qui s'est donné à lui avec sa fortune. — Différens cartons étaient remplis de notes precieuses qu'il avait écrit de sa propre main ; mais la Commission militaire les a envoyé quérir, et s'en est malheureusement emparé. — Ces tableaux et ces statues replacé aux lieux qui les ont vu naitre, instruiront les peuples plus eloquemment qu'au Musée. — Mon ami, ces gens se sont persuadé que vous avez emmené vos filles à dessein, et que vous les avez laissé entrer dans ce bosquet, pour que toutes les fleurs en fussent cueilli par elles. — Quels talens et quelle patience n'a t'il pas fallu pour faire reconquerir à ce jeune homme les avantages que lui avait refusé la nature ! — Ces meubles que j'ai laissé visiter, ont parus fort beaux à toutes les personnes qui me les ont vu acheter. — Je vous donnerai, messieurs, des leçons de stile et de bon gout, comme je vous en ai deja donnés de politesse. — L'opinion ou l'on est que l'Egypte a seulement recu des Berberis ses connaissances et ses lois, sans avoir été primitivement peuplé par eux, paraitra moins problématique aujourd'hui qu'elle s'est accredité.

Une jeune Muse vient d'ajouter un nouvel ornement à la couronne poëtique que lui avaient déja
décerné les graces et le dieu du gout. — Telle est
la position de cette monarchie toujours croissante,
qu'elle ne peut pas se promettre plus de succès
qu'elle n'en a obtenu jusqu'à présent, quelle qu'influence qu'elle ait exercé dans tous les temps. — La
fausse philosophie fait grand bruit de quelques lumières qu'elle a, dit-elle, répandu. — Il faut convenir que, dans ce siecle, plusieurs sciences, et
surtout les sciences naturelles, ont faits des progrés
qu'elles auraient faits sans doute sans cette fausse
philosophie qui s'est trop vanté de miracles qu'elle
n'a point opéré. — Mon jeune fils me mande que
j'ai du recevoir des renseignemens sur sa conduite;
que les parens de ses condisciples en ont tous reçus,
ou sont à la veille d'en recevoir. — Ma patrie, ma
famille, mes amis se sont présenté à mon esprit;
ma tendresse s'est réveillé; une certaine inquiétude,
que je n'avais pas éprouvé jusqu'alors, a achevé
de troubler mes sens. — Qu'est devenu cette nation, que sont devenues ses anciennes lois qu'elle
a laissé envahir par des lois nouvelles? — La pluie
que j'ai senti tomber, nous aurait cruellement in-
commodé en route. — Ma jambe que j'ai senti tou-
cher, s'est reporté en arrière par un mouvement
très naturel — Cette Jeunesse éblouie par le pres-
tige de la gloire et des succès, s'était laissé entraîner
sur les pas du ravageur du monde, selon l'expres-

sion de Bossuet. — Le pedantisme est, en genéral, susceptible sur les procédés dont il fait usage, lors même qu'il les a adopté avec le moins de réfléxion. — Le grande affaire dont on vous a parlé, et qui occupait la Commission militaire, a été terminé ce matin comme je vous l'ai annoncé; c'était à tort que plusieurs personnes prétendaient qu'on l'avait encor renvoyé à un autre jour. — Il y a des fautes graves qui tiennent ou à la connaissance imparfaite que M. Delille parait avoir de la langue anglaise, ou au trop de confiance qu'il a donné à des traductions peu fidelles. — Quant madame de Bellefond la conduisit à la cour, ce ne fût qu'après l'avoir bien instruit de tout ce qu'exigeait l'etiquette. — Les beaux traits de courage et de generosité qu'elle avait entendu raconter de ce jeune prince, l'avaient tellement intéressé, qu'elle avait le plus grand desir de le connaitre. — Ces jeunes-gens avaient parus sensibles aux reproches que je leur ai fait; je croyais en conséquence les avoir persuadé; mais ils m'ont prouvé par leur conduite, que je ne les ai en aucune façon convaincu. — C'était un de ces hommes qui se sont persuadé qu'on peut impunement ébranler les anciennes masses d'une monarchie; mais qu'il a eu lieu de détester les crimes qu'il a vu commettre! — Cette conspiration, qu'on a reconnu fausse, est une des plus absurdes chimères qu'on ait jamais présenté à la credulité publique. — Qui louera cet homme bienfaisant, si ce n'est vous, femmes, vieillards et orphelins qu'il avait ajouté à sa famille, vous qui jouissez, chaque jour, des ameliorations qu'il a suggéré, receuilli ou produit?

— L'école d'Athènes est la première fresque que Raphael ait eu à faire au Vatican. — Trois soldats se sont laissés désarmer ; le Général aussitôt les a déclaré indignes de servir dans les troupes françaises. — Alexandre fit assembler ses soldats, et, les ayant détourné du projet de retourner dans leurs patrie, il les exhorta à continuer la guerre qu'ils avaient commencé en Asie. — L'instituteur et le Conseil d'administration de la commune affirment qu'ils se sont assurés que les réponses de l'enfant ne sont pas l'effet d'une mémoire heureuse. — On cite plusieurs des bons mots de madame Dudeffant, on en a peu retenu de madame Geoffrin, que nous avons cependant entendu vanter bien des fois. — Le premier rang est du aux fondateurs des monarchies ; ceux qui les ont renversé, n'ont eu qu'une gloire funeste ; ceux qui les ont laissé tomber, sont partout des objets d'opprobres. — Outre les defauts essentiels qu'on a justement reproché à la partie d'invention, on en a relevé un grand nombre dans l'execution et dans le stile. — Ces travaux sont bien peu de chose en comparaison de ceux que j'ai vu s'exécuter au Louvre. — Madame, je vous ai assuré que je remplirai mes engagemens envers vous ; demeurez convaincu que je tiendrai la parole formelle que je vous ai donné. — Les beaux esprits du siecle de Louis quatorze rencontrerent dans Ninon de Lenclos une des femmes les plus extraordinaires que la nature ait produit. — Les vices se sont déclarés la guerre, et c'est de ce choc tenébreux, que sont resulté toutes les infortunes qui nous ont si longtemps accablé. — Ces questions sont fort intéressantes ; Pascal les a vu naître, et les a résolu. — Hélas ! il s'efforce de cacher l'impression que Melanie a fait sur son cœur, bien certain que son pere ne consentira jamais à l'alliance qu'il a projetté ! — Je ne pouvais imaginer qu'à mon age je rencontrerais plus de difficultés que MM. Villars et Boufflers n'en avaient éprouvées. — Les gens de lettres peuvent se rendre plus de services entr'eux, qu'ils n'en ont reçus de Richelieu et de Louis quatorze, redevables tous deux d'une grande partie de leur renommée à la protection qu'ils ont accordé aux lettres. — Voici un des plus beaux spectacles qui se soyent jamais offert à nos yeux étonnés ; la cerémonie qui a eue lieu à Notre-Dame, était magnifique ; ceux qui l'ont vu, l'ont jugé comme moi. — J'ai rencontré votre mere, je l'ai assuré des sentimens pleins d'estime qu'elle m'a inspiré depuis longtemps, et que je lui ai voué pour jamais. — Cette objection futile, je l'ai entendu repéter mille fois, et je crois y avoir répondu d'une maniere peremptoire. — Il nous a donné sur le caractere de ces écrivains beaucoup plus de détails que nous n'en avions eus jusqu'à ce jour. — Que de sottises n'ont pas debité ces orateurs, que j'ai entendu longuement discourir sur des matieres qu'ils n'ont jamais connu ! — Cette jeune personne que j'ai fréquenté, n'est pas aussi douce, aussi poli que je l'avais cru. — Quand la reine se fut assuré de la discretion de sa fille, elle lui raconta les diverses anecdotes qu'elle avait entendu publier sur son compte. — Cesar n'éprouva pas moins de maux qu'il n'en avait fait à tant d'honnêtes citoyens qu'il avait accablé du joug de la servitude. — Ariane, que

Thesée avait séduit, ayant vue que ce malheureux prince l'avait cruellement abandonné, se livra à la douleur, et s'exhala en plaintes ameres : Perfide Thesée, s'écria t'elle, est-ce ainsi que vous m'avez aimé? est-ce la le fruit des promesses que vous m'aviez fait ? Quelque soit votre ingratitude, pouvez-vous être insensible aux misères que l'on m'a prédit, et auxquels votre abandon me livre à jamais ? — Ces brigants, après nous avoir volé tout ce que nous possedions, nous ont menacé de la mort, si nous osions faire part à quelqu'un de la scène déplorable qui s'etait passé sous nos yeux. — Deux amies eurent une contestation sur ce qu'elles se devaient mutuellement : C'est moi qui vous dois tout, dit l'une, vous m'avez comblé de biens. Si cela était, je vous devrais bien davantage, reprit l'autre, moi que vous avez comblé d'honneurs. — Je m'apperçois qu'on nous a volé ; je donne ordre aussitot qu'on aille avertir la gendarmerie, qui seul pourra découvrir où sont les fripons qui se sont introduit dans cet hotel. — Anne disait a sa sœur, en lui parlant d'Enée : Quelques soient les vaines raisons qu'il allegue, en quittant ces lieux où il a joui des dons et des faveurs que vous lui avez prodigué, c'est vous seul qu'il a fui ; c'est vous qu'il a livré à tous les maux qui retomberont un jour sur sa tête coupable. — Démosthène recut d'Harpalus une coupe d'or et vingt talens, pour ne pas prononcer l'opinion qu'il avait laissé entrevoir contre ce trésorier infidel. Quelqu'ait été d'ailleurs la conduite noble et genéreuse de Démosthene, rien ne saurait justifier ce tort impardonnable. — Cette jeune personne s'est déplu au couvent,

parce qu'on l'y a traité de la maniere que je l'avais
bien présumée, c'est à dire sans égard pour une
personne dont la famille s'est rendu à jamais célèbre sous plusieurs de nos rois. — Un peintre qui
avait représenté la charmante Hélène, l'avait paré
d'habits magnifiques; Apelle, qui considerait son
tableau, dit : Ne pouvant la faire belle, il l'a fait
riche.

Les trois champions qui se sont faits le plus re-
marquer dans l'espèce de joûte qu'ils ont livré en
faveur de Shakespear, sont madame de Montagu,
M. Sherlock et le chevalier de Rutlidge.— Madame
de Montagu loue Shakespear d'avoir puisé la plupart de ses sujets dans l'histoire de son pays ; et,
pour nous faire admirer la manière dont il les a
traité, voici quelques-uns des endroits qu'elle a choisi
comme des modèles d'éloquence.— La Sicile et la
Sardaigne ne sauraient vous dédommager de la perte
de tant d'armées nombreuses, de tant de généraux
célèbres que vous a coûtés la conquête de ces deux
isles. — Ces deux demoiselles sont toutes bonnes et
toutes aimables ; les ayant fréquenté long-temps, je
connais leur caractère. — Avec quelle complaisance
la foule des auteurs médiocres s'est plue à citer
comme autorité irréfragable cette apophtegme de
Voltaire.— Quelques différents que soient les peuples sur la terre, ils reconnaissent tous un Dieu qui
les a créé à son image.— Ces deux jeunes gens se sont
plus en se voyant pour la première fois : tel est souvent
l'effet d'une heureuse simpathie. — Ces deux més-

sieurs sont tous bons et tous aimables ; il n'y a personne qui n'ait eu à se louer de leur obligeance. — Quelle femme incomparable ! mais qu'elle a été malheureuse ! Jamais autant de beauté ne s'est éteint dans autant de larmes. — Je dors mal depuis long-temps, et j'en ignore la cause. Sur quinze nuits, j'en ai passées dix sans pouvoir fermer l'œil ; mais les cinq dernières, je les ai dormi plus tranquille-ment. — Tout fortunés que vous paraissent ceux qui jouissent de grands biens, je ne voudrais pas chan-ger avec eux de condition. — Nos deux associés ne se sont jamais entendu ; ils se sont nui autant qu'ils l'ont pu : il en est résulté que leurs affaires ont mal tourné ; au lieu que, s'ils s'étaient accordé, ils se seraient procurés une honnête fortune qu'ils auraient conservé. — Toute audacieuse que cette femme vous paraît, elle a versé des larmes quand le président du tribunal l'a condamné à la reclusion. — L'accès est assez facile aux mauvaises brochures, parce qu'après les avoir laissé trainer quelque temps sur la che-minée, on les jette sans les avoir lu. — Quelques soient nos ressources, tout certaines que sont les promesses qu'on nous a fait, nous craignons encore de voir cette interminable affaire aller à volo. — Cette actrice s'est imaginée, je ne sais sur quel fon-dement, que les ingénuités de toutes les coquettes sont des emplois particuliers et séparés qui ont, chacun, leur chef. — Toute incrédule que cette femme est ordinairement, elle s'est laissé persuader qu'elle peut faire fortune par des moyens qu'elle a déja re-connu être insuffisants. — Nos deux jeunes gens se sont d'abord regardé, puis ils se sont adressé des paroles vagues et insignifiantes, enfin ils ont causé et se sont entretenu avec un intérêt et une chaleur que tout le monde a remarqué. — Quelque puisse être, messieurs, votre manière de voir, quelques peu convaincus que vous soyez de ce dogme consolant, prenez garde de laisser entrevoir vos opinions. — Notre ame est immortelle ; Dieu qui l'a créé, l'a fait à son image, et l'a rendu capable de l'aimer et de le servir. — Il veut à toute force que le cardinal de Richelieu ait fait un mauvais livre. A la bonne heure ! tant d'hommes d'Etat en ont faits. — Tout ridicules, tout inconvenantes que sont ses manières, on les lui pardonne à cause de la franchise qu'il a toujours professé. — S'il avait demandé M. Fontenelle pour examinateur, je lui aurais fait tous les vers qu'il aurait voulu. — Le peu de science qui s'était conservée chez les hommes, était renfermé dans les cloîtres. — Vous décriez nos pièces avec l'avantage non seulement d'en avoir vues, mais d'en avoir faites. — Les grands génies se sont survécus à eux-mêmes. — Je me moquerai à mon tour de ceux qui se sont moqué de nos institutions. — Les deux frères avaient été jusques-là si discrets, qu'ils s'étaient caché l'un à l'autre leur passion. — Elle réduisit à leur juste valeur les espèces de bas alloi ; tout ce qu'il y en eut d'altérés rentra dans ses coffres. — Quelques puissants que vous soyez, craignez les caprices de la Fortune qui vous a comblé de ses dons. — Quelques précieux que soient ces objets, ils n'ont inspiré qu'une froide curiosité aux personnes qui les ont examiné. — On reconnaîtra le caractère moral de Socrate, un des plus beaux génies qu'il y ait jamais eu. — Pleurez ce grand capitaine, et dites : Voilà celui qui nous a si souvent mené à la victoire ; sous lui se sont formé ces intrépides phalanges qui se sont dévoué tant de fois pour le salut de l'Etat. — Quelqu'étrangers que vous devriez être aux sciences, vous n'en avez pas parus moins instruits. — Voyez la jolie scène que votre étourdi m'a value avec son billet. — Les Russes, les Polonais et les Suédois s'en étaient disputés la possession. — Quelques rares qualités que vous ayez eu en partage, croyez que vous êtes loin de la perfection. — Les jours que j'ai mangés avec lui, m'ont paru plus courts que ceux où j'ai mangé seul. — Les fautes et les malheurs de cette princesse sont venu de ce qu'elle s'est laissé écarter de la bonne route par l'impulsion des novateurs qu'elle a écouté. — Quelques riches seigneurs que vous soyez devenus, vous n'êtes pas étrangers à l'humanité. — Ils gravaient ces chants et ces éloges dans les forêts ou en pleine campagne, et l'on dit qu'on en a trouvés depuis peu sur les rochers du nord. Il a suivi les différentes éruptions qu'il a vu commencer le 20 octobre ; il a remarqué que le torrent de lave est sorti d'une nouvelle fente qui s'est étendu au loin. — Pourquoi reprochent-ils à Boileau d'avoir placé sur la tête de Louis des lauriers que Louis, dans sa grandeur, n'avait ni cueilli, ni vu cueillir ? — Quelque soit l'obscurité dans laquelle on a enveloppé depuis quelque temps les affaires de la Russie, elles ne tarderont pas à être éclaircies. — Voilà la charmante réception que mon brillant costume m'a value. — Quelque soit votre situation, sachons mettre

des bornes au vaste champ des désirs. — Cette mère
s'est consolé de la perte douloureuse qu'elle a fait.
— Sire, l'élite de la nation vient rendre au Tout-
Puissant de solemnelles actions de grâces pour la
paix glorieuse et prompte que nous a value votre
heureux retour dans les Etats que vos ayeux ont
gouverné. — C'est après avoir entendu la lecture de
ces deux premières scènes, que Boileau prononça
ce jugement dont la malignité s'est si souvent pré-
valu contre Crébillon. — Quelque bonnes œuvres
que nous fassions, elles ne sont comptées pour
rien, si elles ne sont accompagnées de l'humilité.
— Les murs de Carthage vaincue et ses tours ren-
versées gissent éparses sur le rivage. Quelles craintes
cette ville n'a-t-elle pas jadis inspiré à Rome ! quels
efforts ne nous a-t-elle pas coûté, lorsqu'elle nous
insultait jusques dans le Latium et dans les champs
de Laurente ! — Tous braves, tous entreprenants
qu'étaient les Romains, ils ont trouvé dans les Car-
thaginois des adversaires redoutables qui ne se sont
pas laissé abattre par quelques revers. — Cette société s'était attirée l'attention de la police, sur-tout
dans les temps de brouillerie entre la cour et les
parlements. Il n'est pas étonnant qu'elle se soit éclipsé
en peu de temps. — Cette pauvre mère était tout
éperdue, et sa fille était tout en pleurs ; on les avait
menacé d'une punition qu'elles étaient loin d'avoir
mérité. — Notre petite ville a été le théâtre d'évenemens importans qui se sont succédés avec une
telle rapidité, que nous serions presque tentés de
douter qu'ils se soient passé réellement, si nous
n'avions pas sous les yeux les déplorables résultats

que j'ai annoncé. — Tout sûr que vous paraît cette caution, je ne voudrais pas qu'on me l'eut donné, ou du moins je ne l'aurais pas accepté. — Les étymologistes ont perdu notre orthographe, ils l'ont entouré de difficultés nombreuses que n'ont point vaincu ceux qui se sont livré le plus à la recherche de la vérité. — Ces jeunes gens sont tout comme tant d'autres; tous réfléchis qu'ils paraissent, ils commettent cependant beaucoup d'étourderies. — Par une longue suite d'évenemens heureux, ce jeune prince se trouva l'héritier de domaines plus étendus qu'aucun monarque de l'Europe n'en avait encore possédé depuis Charlemagne. — S'il y a bien des gens qui se sont laissé couper les ailes, il y en a malheureusement bien davantage qui se les sont laissé arracher. — Tout harmonieuse que cette langue vous semble, on y rencontre beaucoup de mots dont le son est sourd et désagréable. — Quelque crainte qu'inspirent les despotes, quelques redoutables qu'ils soient réellement, ils ne sauraient épouvanter l'homme juste et vertueux. — Je ne suis pas surpris que Scarron, le Sage et quelques autres se soient plu a décrire la gente des comédiens comme une peuplade vivante au sein de la misère sans jouir du présent et de l'avenir. — Madame la comtesse de ***, que nous avons vu mourir à Paris, appelait les esprits de l'hotel de Brancas des esprits notés. Mademoiselle Quinault était un des arcs-boutant de l'hotel de Brancas.

— Où sont donc les devoirs qu'on n'a point méprisé (1),
Les forfaits que n'ont point couronné nos hommages,
Les vertus qu'on n'a point flétri de mille outrages?

— Où sont les deux maisons qu'on a rendu voisines ?

— Une sœur qu'au couvent j'avais fait élever,
Depuis quatre à cinq jours s'est laissée enlever.

— Là, par un long récit de toutes les misères
Que durant notre enfance ont enduré nos pères,
Je redouble en leur cœur la soif de le punir.

    — Mon cher Damis, la grandeur, l'opulence,
        La dignité, la gloire sont ici
        Réduits, hélas ! à vous crier merci.

— Comptez, si vous pouvez, les funestes ruines
Qu'ont produit si souvent le canon et les mines.

— Après tous les ennuis que ce jour m'a coûtés,
Ai-je pu rassurer mes esprits agités ?

    — Courez le long de ces murailles
Qu'a noirci de ses feux le démon des batailles,
Courez, tendres lilas, courez, jasmins fleuris.

— Odieuse, coupable, et peut-être adorée,
Toi qui fais mon destin jusqu'au dernier moment,

---

(1) Les poètes eux-mêmes violent quelquefois la règle
des participes ; il en résulte souvent que tels et tels vers
pécheraient contre la mesure ou contre la rime, si les
lois de la grammaire n'étaient pas enfreintes.

SUJETS DE COMP. 4

Ah! s'il était possible, ah! si tu pouvais être
Ce que mes yeux trompés t'ont vu toujours paraître!

— Quoi donc! en nous ouvrant ses innombrables routes,
La mer aux seuls Bretons les a reservé toutes!

     — Cette douce paix, qu'avec gloire
       Nous avait conquis la victoire,
      Aurait fui pour jamais ton sein!

     — Que d'affreuses calamités,
Que de pleurs, que de sang a trop souvent coûtés
A ces peuples deçus leur folle confiance!
Un jour d'erreur enfante un siècle de souffrance.

— Deux fois mes tristes yeux se sont vus retracer
Ce même enfant toujours tout prêt à me percer.

— Muse, s'il est encor quelques ames pudiques
Qui n'ont point fait de pacte avec nos mœurs publiques,
Que la contagion de nos vices honteux
N'a point souillé, flétri de son fiel vénéneux,
Donne moi tes pinceaux, et laisse agir mon zèle.

— Il voulut prévenir en vous la vanité
     Qu'en votre cœur eût peut-être excité
     Une facile et prompte réussite.

— Quel Dieu vous a donné ce langage enchanteur,
     La force et la délicatesse,
     La simplicité, la noblesse
     Que Fénélon seul avait joint,
Ce naturel aisé dont l'art n'approche point?

— Elle s'est toujours plue à faire des heureux.

— Ces siècles qu'ils ont vu passer comme des jours,
De l'homme humilié terrassent l'impuissance.

— . . Que votre raison se ramène à des fables
Que Sophocle et la Grèce ont rendu véritables.

— Excusez, oubliez, et que ma main efface
Jusqu'à la plus légère trace
Des pleurs que je vous ai coûtés,
Et qui portent la mort dans mes sens attristés.

— Mais sa fortune, ami, comment l'a-t-il accru?
On sait qu'il est, en France, arrivé presque nu.

— . . Sans descendre enfin du trône d'Angleterre (1),
Que ne m'en avez-vous reconnu l'héritière?

— Il ne veut reparaître à ses yeux enchantés,
Qu'embelli des affronts qu'elle m'aura coûtés.

— Animez sur la toile et chantez sur la lyre
Ce peu de vains attraits que m'ont donné les cieux.

— Il ne vous a pas fait une belle personne,
Afin de mal user des choses qu'il vous donne.

— Entre mille beautés, ces délices des âmes,
En as-tu vue, Osmin, dont les attraits
Egalent ceux d'Emilie?

— La fraternelle égalité
Qu'aucune loi n'obtint, que nul lieu n'a vu naître.

— D'une sœur aimable et charmante
Qui pourrait peindre la beauté?
C'est une entreprise importante,
Et jamais on ne l'a tenté.

— Que de soins m'a coûtés cette grande conquête!

---

(1) C'est Marie Stuart qui parle.

— C'est s'égarer , j'en conviens avec vous ,
Que de prétendre avec un cœur dissous ,
Vous élever aux vérités sublimes
Qu'ont jusqu'ici démenti vos maximes.

— J'en mourrai ; mais sans crime , au moins , j'aurai passé
Ce peu de jours , hélas ! que le ciel m'a laissé.

— Ils chantent les instants de cette heureuse nuit
Qu'ils ont vu s'écouler près de leur tendre mère.

— Dans cette triste conjoncture ,
Où tout mortel subit les lois
Que nous a prescrit la nature ,
Dieu ! quelle touchante peinture
De le voir aux derniers abois !

— On voyait les ruisseaux , les sources , les fontaines ,
Se disperser , se fuir , et plus loin réunies ,
Enfoncer dans les bois leur nappes rembrunies.

— Que de pleurs son départ , hélas ! m'aurait coûtés !

— Ces perfides , tous deux , se sont dit aujourd'hui
Et subornés par vous , et subornés par lui.

— Permettez qu'en nouveau venu
Je salue à la ronde
Tous ceux qu'autrefois j'ai connu
Dans le précédent monde.

— J'en ai beaucoup connus qui vantaient leur savoir.

— Quelques efforts qu'ait toutefois tenté
De leur courroux l'âpre malignité.

— Moi ! l'esclave d'Egysthe ! ah ! fille infortunée !
Qui m'a fait son esclave ? et de qui suis-je née ?

— Pendant ces derniers temps combien en a-t-on vus
    Qui, du soir au matin, sont pauvres devenus,
       Pour vouloir trop tôt être riches !

— Et de ce peu de jours si long-temps attendus,
    Ah ! malheureux, combien j'en ai déjà perdus !

        — Pour hâter notre ruine,
       Les monstres ont inventé
       La plus horrible machine
       Que l'enfer ait enfanté.

— La jeune Pholoé que la Crète a vu naître,
    Connaîtra désormais Sergeste pour son maître.

— Sa robuste jeunesse et sa mâle vigueur
    Que n'a point de l'Europe énervé la langueur.

— De cent ragoûts exquis la douce exhalaison
    M'est par un soupirail venu rompre en visière.

— Qui t'a ravi cet arc ? — La charmante Phyllis
      De quel moyen s'est servi la bergère ?
      L'Amour a cru le donner à sa mère.

— Souvent il rencontrait des mines solitaires
    Que du mineur jadis ont habité les pères.

— Il offrit à leurs yeux mille beautés secrettes
    Que la nature avare avait jusques alors,
    Loin des faibles mortels, caché dans ses trésors.

    — M'accouderai-je à mon pupître
    Pour vous traiter dans une épître
    Ou de Minerve ou de Junon ?
    Dans des entretiens où m'inspire
    Votre grace et votre gaîté,
    Souvent je vous ai vu sourire
    Aux boutades, même au délire
    De mon cerveau trop exalté.

— O douleur ! mais comment opposer les refus
A l'homme qui des Dieux n'en a jamais reçus ?

  — Jouissez des félicités
Qu'ont mérité pour vous mes bontés secourables.

— Quelle est donc cette tombe, en ces lieux élevée,
Que j'ai vu de vos pleurs en ce moment lavée ?

— Et vos pleurs et les miens ensemble confondus...
Des pleurs ! ah ! ma faiblesse en a trop répandus.

  — Dans un essaim de tant de belles
   Que le plaisir offre à nos yeux,
   Comment trouver les Immortelles
   Qu'Amour a conduit en ces lieux ?

— Ce sont des nations qu'ont imité nos pères.

— . . Hélas ! que de pleurs, quelles vives alarmes
La faveur d'être père a coûtés à mon cœur !
  — Quelquefois la vérité tue,
   Alors pourquoi la dirais-tu ?
   Sur celle qui doit être tue,
   Souvent la sagesse s'est tu.

— Ainsi passent, aux champs, des roses solitaires
Qu'on n'a point vu rougir, et qui, loin des bergères,
D'inutiles parfums embaument les déserts.

— Jeune reine des fleurs, l'orgueil de la nature,
Toi que, pour Psyché même, aurait cueilli l'Amour.

  — L'heureux talent qui brille en elle
   Lui donne-t-il plus de fierté ?
   Non vraiment ; elle est immortelle,
   Et ne s'en est jamais douté.

— On l'a vu partager (et le crime est croyable)
De son indigne époux la joie impitoyable.

— La Grammaire est un peu têtue,
L'usage, son vieux guide, est aveugle et tortu;
Contre elle et contre lui ma raison s'est battu,
Mais ne se tient pas pour battue.

— . . C'est moi qui voudrais effacer de ma vie
Les jours que j'ai vécus sans vous avoir servie.

— Réponds, fille aimable et chérie,
Dis, t'eussé-je aimé moins ? comment t'abandonner ?

— Ah ! je retrouve en lui cette odieuse race
Qu'a proscrit tant de fois le céleste courroux.

— Plaignez les maux qu'il a souffert,
Celui qui chantait au désert
Etait le malheureux Ovide.

— Songez à cet oracle, à cette loi suprême
Que la reine autrefois a reçu des Dieux même:

— Ninon avait pris son parti,
N'étant, comme elle a dit, fille ni repentie;
D'avoir mené joyeuse vie
Elle ne s'est pas repenti.

— Vu l'étroite union que fait le mariage,
J'estime qu'en effet c'est n'y consentir point;
Que laisser désunis ceux que le ciel a joint.

— Sur les rameaux qui l'ont vu naître,
Philomèle, la nuit, le jour,
Ne veut chanter que pour l'amour.

— Il paraît, en effet, digne de vos bontés;
Il mérite surtout les pleurs qu'il m'a coûtés.

— J'ai reconnu, j'en jure par vous-même,
Par la vertu que j'ai fui, mais que j'aime,
J'ai reconnu ma détestable erreur.

— Elle touche, et cent fois elle arrose de larmes
L'habit dont son époux voulut parer ses charmes,

Quand aux yeux des Hébreux, s'avançant à l'autel,
Tous deux se sont jurés un amour éternel.

— Rome, l'État, mon nom nous rendent ennemis;
La haine qu'entre nous nos pères ont transmis,
Est par eux commandée et comme eux immortelle.

— Des femmes, des enfants dont la crédulité
S'est forgée à plaisir une divinité

— Cette histoire est assez connue,
Ma muse innocemment s'en est ressouvenu;
Mais la moralité de ce trait saugrenu
Ne peut pas être soutenue.

— Malheureuse! où m'a conduit ma triste destinée!

— Quand je la vis pour la première fois,
Grand Dieu! qu'elle me parut belle!
Je l'ai vu, ce matin, s'égarer dans les bois,
Pour y cueillir la fleur nouvelle.

— Que de soins m'eût coûtés cette tête charmante!

VARUS a Mariamne.

— Et du moins à demi mon bras vous a vengé.

LA COMTESSE.

— .. Je vous dirai qu'en vous quittant d'abord,
Je suis allé trouver le ministre Melfort.
Tous mes soins m'ont trahi, tout fait mon désespoir.

CHAPITRE SECOND.

PONCTUATION (1).

On ne saurait trop recommander aux jeunes gens de pratiquer la Religion d'en suivre les préceptes admirables ils doivent être persuadés tous tant qu'ils sont qu'elle leur offrira constamment les secours qui leur sont nécessaires soit pour soutenir leur courage soit pour fixer les règles de leur conduite.

C'est à vous particulièrement que je vais consacrer ces lignes à vous jeunes personnes qui après avoir fait l'ornement de la société devez en être un jour le soutien en vous y montrant comme d'intéressantes mères de famille toute votre vie n'est souvent qu'un tissu de douleurs vous ne pouvez comme les hommes vous distraire de vos chagrins en vous jetant dans les affaires ou dans le tourbillon des plaisirs de la société vous êtes souvent obligées de couvrir du voile de la sérénité et du contentement les angoisses et les chagrins auxquels votre cœur est

---

(1) Les Réflexions qu'on va lire, et qui sont adressées particulièrement aux jeunes personnes, ont été traduites de l'anglais.

*4

en proie c'est alors que la Religion vous est d'un
puissant secours et c'est par elle que vous supportez
mieux que nous vos chagrins domestiques souvent
encore vous vous trouvez dans une situation où la
Religion est pour vous un frein salutaire vous êtes
entraînées dans des dissipations qui vous trompent
sous l'apparence de plaisirs innocents mais qui dans
le fait égarent vos esprits altèrent votre santé et
souvent portent atteinte à votre réputation la Religion en refroidissant ce goût trop vif pour la dissi-
pation vous donne le moyen de jouir encore mieux
de ces amusements qui trop répétés ne produisent
plus que la satiété et le dégoût.

La Religion tient plus au sentiment qu'au raisonne-
ment les points les plus importants de la foi sont
suffisamment éclaircis il faut vous y fixer et ne
pas vous mêler de controverse évitez toute espèce de
livres et toute conversation capables d'ébranler votre
foi sur les points principaux qui doivent être les
règles de votre conduite et sur lesquels sont fondées
vos espérances d'une félicité éternelle loin de jeter
du ridicule sur quelque point de la Religion n'en-
couragez jamais les autres à le faire que votre silence et votre réserve imposent à ces prétendus
esprits forts qui paraissent ne douter de rien.

Soyez exactes dans la constante habitude de faire
vos prières du matin et du soir pour peu que votre
âme soit douée de beaucoup de sensibilité cette
pratique religieuse établira entre l'Etre suprême et
vous une correspondance qui répandra sur votre

vie un baume consolateur vous affermira dans le
chemin de la vertu et vous aidera à supporter avec
bienséance et avec dignité les vicissitudes du sort
parmi les livres de dévotion choisissez principalement ceux qui parlent au cœur ceux qui inspirent
des sentiments pieux et doux ceux enfin où vous
pourrez trouver des leçons utiles pour votre conduite mais gardez-vous bien de ces livres qui ne
peuvent que vous jeter dans un labyrinthe inex-
tricable d'opinions et de systèmes.

Ne faites jamais de la Religion le sujet de vos con-
versations dans le monde si l'on en parle ayez l'air de
n'y donner aucune attention toutefois ne souffrez pas
que personne ose vous railler sur vos opinions religieuses si cela arrive n'hésitez pas à montrer le
même ressentiment qu'exciterait en vous une insulte
de toute autre espèce mais le moyen le plus sûr
d'éviter ce grave inconvénient c'est d'être vous-
mêmes très réservées et sur-tout de ne vous per-
mettre aucune plaisanterie sur les opinions religieuses
des autres c'est principalement aux personnes de votre
sexe que convient la tolérance en matières religieuses
et politiques je ne doute pas que l'exactitude qui vous
est recommandée dans l'accomplissement de vos devoirs ne soit traitée d'attachement superstitieux aux
formes mais dans l'avis que je vous donne sur ce
point et sur plusieurs autres j'ai égard à l'esprit et
aux mœurs du siècle.

Ouvrez vos cœurs au sentiment de la charité envers tout le monde sans avoir égard à la différence

de croyance avec la vôtre cette différence provient
sans doute de causes indépendantes de vous et dont
vous ne pouvez vous faire aucun mérite montrez
votre respect pour la Religion par celui que vous
porterez à tous ses ministres quelle que soit leur
croyance pourvu que leurs mœurs ne déshonorent
pas leur état.

L'humanité bienfaisante pour tous les malheureux
doit être la conséquence de votre piété destinez aux
œuvres de charité une partie de votre revenu mais
en cela comme dans la pratique de tout autre devoir
évitez avec soin l'ostentation le témoignage d'une
bonne conscience est la récompense naturelle de la
vertu que votre charité ne se borne pas à repandre
de l'argent il peut se rencontrer plusieurs occasions
où l'argent ne serait pas nécessaire pour l'accomplissement d'une bonne œuvre par exemple il y a un
faux et un cruel raffinement de sensibilité qui fait
que bien des personnes évitent de jeter les yeux
sur des objets souffrants ne vous laissez pas aller
à cette fausse délicatesse s'il s'agit de vos connaissances ou de vos amis que le jour de leur malheur
lorsque tout le monde les évite ou les oublie soit
pour vous le moment de déployer votre sensibilité
et de remplir les devoirs de l'amitié le spectacle des
misères humaines attendrit et purifie le cœur il ra-
baisse l'orgueil déplacé qu'inspirent la fortune et la
prospérité le sentiment d'un devoir rempli com-
pense amplement la peine qu'il peut avoir coûté et
dispose nos ames à cette tendre émotion qu'ex-
citent les maux que nous partageons.

Un des principaux ornements du caractère d'une femme c'est cette réserve timide c'est cette modestie aimable qui évite l'œil du Public et qui est déconcertée par les regards même de l'admiration je ne veux pas que vous soyez insensibles aux louanges si vous l'étiez vous perdriez beaucoup de vos avantages mais ne vous laissez pas éblouir par des éloges auxquels vous seriez trop sensibles la modestie et la reserve que je regarde comme si essentielles à votre sexe vous disposeront naturellement au silence dans les assemblées et dans les cercles sur-tout s'ils sont nombreux les personnes sages et clairvoyantes ne confondront jamais ce silence avec la stupidité ni avec le défaut de savoir on peut prendre part à une conversation sans proférer un seul mot une certaine expression dans la physionomie suffit pour montrer qu'on prend intérêt à ce qui se dit et c'est ce qui n'échappe pas à un œil observateur.

Il faut que vous ayez en public un maintien noble mais plein d'aisance il faut éviter cet air d'assurance ou de hardiesse qui semble braver les personnes avec qui l'on est s'il arrive que vous fassiez la conversation avec quelqu'un et qu'une personne d'un rang supérieur vous adresse la parole ne permettez pas qu'une attention trop empressée ou qu'une préférence trop marquée annonce votre embarras en agissant autrement vous vous exposeriez au mépris de la société, et vous insulteriez un homme honnête sans autre motif que celui de flatter l'amour-propre d'un autre qui peut-être ne vous en saurait aucun gré.

Quand vous vous trouvez avec des personnes d'un rang supérieur conservez toujours un maintien noble et réservé qui éloigne toute familiarité choquante pour certaines gens ne faites jamais briller votre esprit aux dépens de qui que ce soit l'esprit est le don le plus funeste s'il n'est guidé par la prudence et par la bonté du cœur on ne saurait dire à combien de personnes l'esprit a suscité d'ennemis très dangereux est-ce qu'il n'est pas compatible avec la douceur et avec la réserve si vous avez acquis quelques connaissances ne cherchez pas à en faire parade combien d'hommes voient d'un œil jaloux les femmes qui se piquent d'avoir un esprit cultivé il est donc plus prudent de ne pas montrer toute l'étendue de ses connaissances l'homme sage et d'un vrai mérite vous aura bientôt jugées si vous avez du savoir et des qualités vous tenez-vous dans la réserve il vous en supposera encore davantage le grand art de plaire dans la conversation consiste à faire en sorte que chacun soit content de soi et vous y réussirez bien plus facilement en écoutant qu'en parlant.

Ne confondez pas l'enjouement avec la plaisanterie l'un fera désirer votre société l'autre fera souvent qu'on l'évitera l'enjouement vous donnera les moyens de plaire à tout le monde la plaisanterie éloignera de vous la confiance et le respect ne vous laissez point aller à la médisance surtout contre votre sexe on vous suppose généralement ce défaut je crois que cette supposition est injuste les hommes n'y sont pas moins enclins lorsqu'ils sont mus par quelque intérêt et comme tous vos sentimens sont plus vifs

que les nôtres vous êtes aussi plus fréquemment ex-
posées à la tentation de médire il faut donc que
vous soyez extrêmement attentives à ménager la réputation de toutes les femmes sur-tout de celles que
vous pouriez regarder comme vos rivales dans notre
estime témoignez beaucoup d'intérêt aux personnes de
votre sexe qui sont tombées dans l'infortune ou qu'un
amour malheureux a égarées en général il est beau
de se montrer le soutien de ceux que le sort persécute
et d'excuser les fautes qui sont involontaires ou
qu'on n'a pu éviter.

La plus légère atteinte à la décence dans la conversation est une chose honteuse à un tel point qu'elle
est même tout-à-fait désagréable aux hommes bien
élevés si l'on prononce devant vous la moindre équivoque ou feignez de ne l'avoir pas entendue ou faites
connaître votre mécontentement avec le ton convenable on vous reprochera peut-être de faire les pru-
des par pruderie on entend communément une réserve affectée mais il vaut mieux passer pour ridicule que de s'attirer le blâme et le mépris les hommes
qui se plaignent de la réserve des femmes ne sont
pas sincères il y a loin de la réserve à la pruderie.

Respectez religieusement la vérité il n'y a pas de
vice plus méprisable que le mensonge nous avons
connu des femmes tellement adonnées à ce vice qu'on
ne pouvait accorder aucune confiance à leurs récits
sur-tout si elles étaient elles-mêmes les héroïnes de
leurs narrations cette faiblesse ne provenait pas d'un
mauvais cœur elle était simplement un effet de la
vanité ou le résultat de l'habitude qu'elles avaient

contractée de donner carrière à leur imagination.

Depuis plusieurs annéees il s'est introduit parmi les hommes un raffinement de luxe auquel les femmes ont été jusqu'à présent étrangères je souhaite pour leur honneur qu'elles le soient toujours je veux parler du luxe de la table après l'orgueil et le mensonge l'intempérance est le vice le plus méprisable mais dans votre sexe il est honteux et dégoûtant au delà de toute expression c'est par les grâces naturelles sans afféterie c'est par la douceur de leur caractère et par la pureté de leurs mœurs que les femmes doivent se faire chérir et aimer c'est donc à tort que beaucoup d'entre elles paraissent avoir conçu l'espoir de reprendre leur ancien ascendant en affectant des airs de grandeur en étalant un luxe effrayant et en s'offrant à nos regards dans tous les lieux publics en conversant avec nous avec aussi peu de réserve que les hommes en mettent entre eux un peu de temps et une courte expérience suffiront pour leur faire connaître la folie de leur plan et de leurs espérances.

On exige de votre sexe une fierté noble jointe à une modestie douce elle est votre sauve-garde contre la familiarité des hommes ce sentiment doit se trouver en vous indépendamment de la réflexion qui vous démontre que vous avez le plus grand intérêt à écarter la moindre liberté directe ou indirecte vos agrémens et vos grâces si touchantes doivent être réservés pour l'heureux mortel à qui votre cœur est destiné je vous recommande de ne pas négliger cette élégance qui donne du lustre aux autres qualités qui

répand une grâce inexprimable dans vos regards dans
vos actions et dans vos discours qui donne à la
beauté ce charme sans lequel elle cesserait de
plaire.

La toilette est une occupation très intéressante
pour les femmes le goût de la parure leur est naturel et par conséquent il est convenable et raison-
nable ne bornez pas l'attention à votre toilette au
temps où vous avez à paraître dans le monde accoutumez vous à une propreté habituelle de manière
que dans votre plus grand négligé et dans ces heures
du jour où vous croyez ne voir personne vous n'ayez
jamais à rougir si par hasard vous êtes aperçues
vous ne sauriez croire combien nous sommes portés
à juger du caractère d'une femme par sa toilette on
y reconnaît la vanité la légèreté la malpropreté et
la folie une simplicité élégante annonce le goût et
la modestie.

Parmi les exercices je vous recommande ceux qui
vous mettent dans le cas d'être souvent au grand
air tels que la promenade et l'exercice du cheval si
vous vous accoutumez à ne sortir qu'en voiture vous
perdrez bientôt vos forces votre fraîcheur et le goût
de la promenade qui est si salutaire une mauvaise
santé et elle résulte souvent du défaut d'exercice ne
manque guère d'influer sur les qualités morales les
personnes douées d'une ame très sensible ont fréquemment une santé délicate qu'elles sont trop
portées à négliger leurs amusements sont une lecture assidue et les veilles qui sont aussi pernicieuses
à la santé qu'à la beauté.

Il ne faut pas dédaigner les ouvrages à l'aiguille

à la navette et d'autres ouvrages de cette nature en s'y appliquant on se met en état d'en juger avec connaissance en outre on remplit sans ennui les heures de loisir qu'on est obligé de passer chez soi et c'est un point très important pour le bonheur de la vie que de savoir se créer des plaisirs aussi indépendants qu'il est possible les détails domestiques qui sont du domaine des femmes ils leur fournissent une infinité d'occasions de faire preuve de bon goût et de jugement une fortune considérable ne peut dispenser une femme du soin de sa maison les occupations domestiques peuvent être entremêlées de lectures le grand livre de la nature est ouvert devant vos yeux c'est là que vous pouvez trouver des amusements très paisibles et très diversifiés l'étude de l'histoire et celle de la géographie vous offrent un des délassements agréables et utiles tout-à-la-fois la danse ne vous est pas défendue mais il faut y rechercher particulièrement l'aisance et les grâces du corps quant aux spectacles il faut y assister fort rarement et quand on y est entraînée on doit faire choix de ces ouvrages qu'une femme peut lire et entendre sans rougir abstenez-vous du jeu dont le goût commence à se répandre dans nos sociétés d'une manière effrayante l'amour du jeu est ruineux et incurable il donne naissance aux passions les plus dangereuses et il est odieux surtout dans votre sexe mais s'il vous arrive de jouer quelquefois en société faites en sorte que le jeu se passe sous les yeux de vos parents et n'y mettez aucune importance ni aucune suite.

L'amitié répand sur les maux de la vie un baume consolateur les douceurs qu'elle procure doivent vous

engager à vous y livrer mais combien il est difficile
de faire un heureux choix d'amis choisissez principalement pour vos amis ceux qui ont un cœur droit
et sincère si à la sincérité et à la bonté du cœur
ils joignent le goût et l'esprit vos liaisons n'en seront que plus douces et plus durables à mérite égal
ceux qui vous ont témoigné de l'attachement durant votre enfance lorsqu'ils ne pouvaient attendre
de vous aucun retour méritent la préférence sur
ceux qui vous sont connus depuis moins long-temps
si vous êtes assez heureuses pour trouver des amis
dignes de ce nom dans toute son étendue ouvrez
leur votre ame faites les dépositaires de tous vos
secrets quelle que soit votre franchise sur ce qui
vous intéresse personnellement ne révélez jamais à
un tiers le secret qui vous aura été confié par votre
ami c'est un dépôt sacré dont vous n'avez aucun
droit de disposer.

Gardez-vous bien de faire de vos domestiques des
confidents témoignez leur de la bienveillance ne né-
gligez rien pour adoucir leur situation mais si vous
les mettez dans votre confidence vous les perdez en
vous avilissant.

Prenez garde de tomber dans le ridicule de ces
femmes qui croient voir un amoureux dans tout
homme qui leur témoigne quelque attention rien
n'expose plus au ridicule que d'avoir l'air de craindre comme amant un homme qui n'a peut-être
jamais songé à vous pourquoi s'étonner qu'un
homme soit honnête et galant envers les femmes
ce genre de politesse vous paraîtra sans conséquence

si vous avez le moindre discernement un homme sera à vos ordres vous donnera la main pour vous conduire dans les assemblées publiques il vous rendra une infinité de petits soins sans qu'il lui vienne dans la pensée de vous épouser vous ne devez considérer les propos doucereux de la plûpart des hommes que comme des phrases banales qu'ils répètent à toutes les femmes tant soit peu agréables de leur connaissance si l'un d'eux s'avisait de prendre des airs de familiarité un regard un peu sévère devrait lui imposer sur-le-champ.

Il y a une espèce d'hommes que vous devez regarder comme des connaissances aimables ce sont les hommes qui réunissent l'esprit le jugement et le ton de la bonne compagnie vous trouverez dans leur conversation des avantages que vous rencontreriez difficilement dans celle des femmes et vous auriez tort de vous priver des avantages de la société de telles personnes parce que les sots feraient de votre liaison un sujet de plaisanterie ridicule n'est-il pas naturel que les personnes qui ont les mêmes sentiments et sur-tout les mêmes goûts aiment à se rapprocher sans avoir pour cela en vue une liaison plus étroite cependant comme cette analogie de sentiments produit un attachement plus tendre que celui de la simple amitié la prudence veut que vous vous teniez sur vos gardes afin de ne point vous trouver engagées avant d'y avoir même songé.

Je ne connais rien qui rende une femme plus méprisable que l'idée dans laquelle sont quelques-unes que le mariage est une condition essentielle à leur bonheur outre que cette idée en elle-même

a quelque chose de peu délicat elle est encore très
fausse ainsi que des milliers de femmes ont eu le
malheur de l'éprouver mais quand elle serait vraie
l'adopter et montrer de l'impatience de vous marier
ce serait un moyen de n'y pas réussir. Je ne pré-
tends pas toutefois que vous ne puissiez être heureuses dans l'état de mariage je connais le triste
abandon dans lequel se trouve une vieille fille la
mélancolie et la mauvaise humeur auxquelles elle
est en proie je sais combien il est difficile de fran-
chir avec dignité et sans regret l'espace qui sépare
les beaux jours de la jeunesse et de la beauté de
ceux qui ne sont plus destinés qu'à la retraite au
délaissement et à la cruelle attente de la vieillesse
je vois des vieilles filles se couvrir de ridicule tantôt en se livrant à un genre de frivolités et de dissipations qui ne conviennent plus à leur âge tantôt
en faisant à toutes leurs connaissances la confidence
de leurs affaires domestiques tantôt en s'occupant à
publier toutes les anecdotes scandaleuses et tous les
récits calomnieux j'en vois d'autres qui pour n'être
plus comptées parmi les femmes ordinaires tombent
dans le découragement et perdent peu-à-peu tous
leurs talens acquis uniquement parce qu'elles n'ont
pas été assez heureuses pour remettre leur destinée
entre les mains d'un homme digne de connaître et
d'apprécier tout leur mérite.

Je suis persuadé que le mariage est l'état le plus
propre à donner de la considération aux femmes et
à les rendre intéressantes dans le monde mais il faut
pour jouir de ces avantages qu'une affection sincère
et une estime profonde les déterminent seules dans
le choix d'un époux.

Que ce ne soient ni l'intérêt ni l'exaltation qui vous engagent à contracter les nœuds du mariage car au lieu de rencontrer dans un époux un égal un ami fidèle vous courriez le risque d'être fatiguées de la société d'un homme sans délicatesse sans générosité plus qu'indifférent et souvent grossier comme le choix d'un époux est de la plus haute importance je vous exhorte à apporter beaucoup de circonspection dans cette affaire ne vous laissez point entraîner par une passion subite ennoblie du beau nom d'amour le véritable amour n'est pas l'effet d'un caprice il est fondé dans la nature sur un but honorable sur la vertu et sur une heureuse sympathie.

Si vous m'en croyez vous ne subirez les lois de l'hymen que lorsque vous aurez reconnu que votre fortune et votre situation dans le monde vous permettent d'espérer le bonheur pour vous et de faire celui de votre époux dès que vous aurez contracté le plus saint des engagements vous travaillerez à vous procurer une existence douce et paisible or vous l'obtiendrez en réglant vos désirs en prévenant les vœux de votre époux et en fixant dans votre heureux ménage la paix et la tranquillité les seuls vrais biens qui l'emportent sur toutes les richesses de ce monde le mariage dissipera bientôt les illusions produites par la beauté mais la réserve et la modestie qui ont paré votre jeunesse les grâces et les vertus qui ont séduit le cœur de votre époux survivront aux charmes qu'il admirait en vous au printemps de votre âge et l'amour ne s'éteindra que pour faire place à un sentiment plus doux plus tendre et plus durable.

LES JEUX DE L'ENFANCE.

DE nos chagrins historien fidèle
A nos douleurs consacrant son pinceau
Un Sage hélas offrit notre berceau
Déjà pressé de leur foule éternelle (1)
Il oublia cette moisson de fleurs
Que voit briller l'aurore de la vie
Ces jeux charmants dont l'aimable magie
Ne meurt jamais dans le fond de nos cœurs
Retraçons nous les plaisirs de l'enfance
Ses jours sereins sa naïve innocence
De ses loisirs la douce liberté
Et détournant un regard attristé
Fermons l'oreille aux cris de la souffrance
Pour ne l'ouvrir qu'aux chants de la gaîté.

Parents heureux qu'entourent mes modèles
A votre amour à vos cœurs attendris
Je viens offrir ces peintures nouvelles
De mes efforts j'aurai reçu le prix
Si vous daignez accueillir mon hommage
Ah quand ma main ébaucha cet ouvrage

---

(1) J. B. Rousseau s'est plu à décrire les maux qui
assiégent l'homme depuis le moment de sa naissance jusqu'à celui de son trépas :

> Que l'homme est bien, durant sa vie,
> Un parfait miroir de douleurs!
> Dès qu'il respire, etc.

Autant que vous sensible et fortuné
De mes enfants j'étais environné
Objets chéris si de votre présence
Je fus privé par le destin jaloux
Puissé-je au moins d'une trop longue absence
Me consoler en m'occupant de vous.

Ce tendre fruit de l'hymen de Sophie
Qui lui prodigue et ses soins et son lait
Sentant mourir un besoin satisfait
S'attache encore aux sources de sa vie
Il nous sourit.... du premier des bienfaits
En un moment la nature s'acquitte
A ce souris si doux si plein d'attraits
Répond bientôt celui qu'il sollicite
Je vois alors s'animer tous ses traits
Et s'agiter entre ses doigts débiles
D'un long crystal les sonnettes mobiles (1)
Ah! jouissons de ses faibles essais
Quand de la vie il commence la route
Il ne fera qu'y changer de hochets
Et le premier vaut les autres sans doute.

Sur ses progrès l'aimable nourrisson
Appelle ici l'œil de la bienveillance
Voyez amis dans ce vaste salon
Voyez errer sa jeune impatience
Un char étroit forme et soutient ses pas
Sur des rouleaux que son poids précipite
Il croit courir il s'efforce il s'agite
Il obéit.... et ne s'en doute pas (2)

---

(1) Le hochet.
(2) Le chariot, puis le tambour, la trompette, etc.

Nouvel appui de sa marche timide
Le seul secours d'une main qui le guide
Va lui suffire et bientôt enhardi
Fier de sentir une force ignorée
Nous allons voir le petit étourdi
Nous allarmer sur sa trace égarée
Son œil contemple un trésor de joujoux
Il les admire il les dévore tous
Bruyant tambour et trompette perçante
Ballons volants bilboquets cavaliers
Ce moulinet cette maison roulante
De ces bosquets la verdure ambulante
De ce magot les traits irréguliers
Tout le séduit tout l'anime et l'enchante
Il confond tout il ne sait point choisir
Et sans languir dans une vaine attente
Bien plus heureux il ne sait que jouir.
Une substance écumante et légère
Remplit ce vase à Fanfan préparé
D'un souffle égal un tube pénétré
Dilate l'onde.... et maint globe doré (1)
De ses couleurs embellit l'atmosphère
Et se dérobe à des vœux superflus
Enfant de l'air enfant de la lumière
Il monte il brille il voltige il n'est plus
Mais sans regret on l'a vu disparaître.
Fanfan saisit l'ingénieux carton (2)
Où l'ouvrier sans le croire peut-être
Nous retraça les mouvements le ton
Et tout l'esprit de plus d'un petit-maître

(1) Les bulles de savon.
(2) Le pantin.

Des fils légers croisés adroitement
Simples ressorts de ses membres agiles
Tantôt forcés l'agitent brusquement
Tantôt du doigt pressés plus mollement
Vont opérer des écarts plus faciles
Fanfan jouit de ce double succès
Tels autrefois on a vu nos Français
Qui de Pantins remplissaient chaque étage
Salon boudoir corridor cabinet
Et qui depuis dans leur transport volage
Ont adopté le bruyant bilboquet
Ont de Jeannot arboré le bonnet
De Malborough ressuscité la cendre....
Mais ai-je donc oublié mon sujet
Peindre l'enfance est mon unique objet....
Excusez moi l'on pouvait s'y méprendre.
Sous mon pinceau s'entassent les portraits
Embarrassé dans le choix de ses traits
Il craint ici leur stérile abondance
Sur les couleurs il hésite il balance
Errant et vague au milieu des jouets
Doit-il offrir l'imposante structure
De ces vaisseaux à flot sur le plancher
Ces régiments qu'un ruban fait marcher
Et de Fanfan le coursier et l'armure
Et ce rempart que lui-même a construit
Et ces châteaux de frêle architecture
Qu'un moment forme et qu'un souffle détruit
C'est bien assez d'une esquisse première. . . .
Chantre enjoué d'un fameux perroquet
Toi dont la muse effleura chaque objet
Ainsi qu'on voit l'abeille printanière
Piller gaiment la rose et le muguet
L'art de choisir fut toujours l'art de plaire
Préserve moi de l'ardeur de tout faire
Pour m'épargner l'ennui d'avoir tout fait.

Franchissons donc un heureux intervalle
Dont je ne puis saisir tous les instants
Le temps s'enfuit dans sa course fatale
Les jeux hélas n'arrêtent point le temps
De mon héros s'agrandit la carrière
Déjà fleurit son sixième printemps
Depuis cinq ans sa sœur voit la lumière
A ses débats parfois elle s'unit
Mais dans un choix moins bruyant moins rapide
Rose décèle un sexe plus timide
Et de Fanfan le tambour l'étourdit
Près de sa bonne à ses genoux assise
Venez la voir de ses adroites mains
Placer déjà des pompons enfantins
Sur ce jouet dont l'étoffe déguise
Aux yeux trompés les ressorts incertains (1)
Dans ce carton dans ce joli visage
Que le pinceau vernit et colora
L'aimable Rose a trouvé son image
C'en est assez elle l'embellira
Et de l'instinct c'est le premier ouvrage
A ces cheveux elle enlace des fleurs
Un nœud galant décore cette tresse
Elle lutine elle gronde et caresse
L'objet muet de tant de soins flatteurs
Elle folâtre et redevient sévère
Et les leçons qu'elle ose répéter
Fidèle écho des leçons d'une mère
Prouvent qu'au moins on sut les écouter.
Mais poursuivons j'obéis à ma Muse
Dont les crayons cherchent un nouveau trait
Les sons perçants du joyeux flageolet
Les sons enflés de l'aigre corne-muse

---

(1) La poupée.

Ont frappé l'air... nos enfants sont au guet
Les voyez-vous courir à la fenêtre
Leur double effort écarte le volet
Leur œil s'élance et bientôt voit paraître
L'animal lent grave sombre et fourré (1)
Hôte jadis des glaces de Norwège
Qui maintenant de badauds entouré
L'ongle réduit et le museau ferré
Regrette hélas ses montagnes de neige
Et sur deux pieds balancé gauchement
Aux mouvements d'une fausse cadence
Très peu jaloux de l'applaudissement
Assujétit sa lourde contenance
Autour de lui plus sémillant acteur (2)
Bertrand l'espiégle armé d'une baguette
Gambade court s'arrête avec humeur
Chapeau tendu va faire la recette
Croque une noix nargue le spectateur
Ses tours joyeux ses plaisantes grimaces
Fixent long-temps notre couple enchanté
Il disparait applaudi regretté
Mais la gaité la première des graces
Anime encor mon Fanfan transporté
Nous la verrons en compagne fidèle
Le suivre aux jeux du grand Polichinelle (3)
Dès qu'il paraît bien sûr d'être fêté
Dame Gigogne en ces lieux souveraine
En moins de rien a repeuplé la scène
Aux yeux surpris de ses admirateurs
Troupe à citer.... tes modestes actrices
N'eurent jamais ces rhumes ces caprices

---

(1) La danse de l'ours.
(2) Le singe.
(3) Les marionnettes.

Qu'à si bon droit redoutent les auteurs
Tout obéit et tes heureux acteurs
Toujours certains de conserver leur gloire
En aucun temps n'ont manqué de mémoire.
  Chaque saison pour mon héros joyeux
A son attrait ces paisibles soirées
Qu'autour du feu l'hiver a consacrées
Vont ramener les récits merveilleux
Des paladins des géants et des fées (1)
Leurs talismans leurs palais leurs trophées
Tout se présente à son œil curieux
Il suit partout la *Princesse vermeille*
La *Belle au bois* et le *Prince lutin*
Mais tout-à-coup il a prêté l'oreille
Aux longs accents d'un orgue ultramontain
Maman Maman la lanterne magique
L'entendez-vous à son ardeur comique
Il faut se rendre il insiste il obtient
Ah quelle ivresse à peine il se contient
Il voit paraître objet de sa prière
En cheveux plats en vêtements poudreux
Le montagnard dont autrefois Voltaire
Nous a vanté les soins officieux
Dispensateur du plaisir qu'il diffère
Le bon sorcier fredonne avec lenteur
De ses refrains l'aubade journalière
La nuit l'entoure et dans son épaisseur
Enfant subit d'une adroite lumière
Jaillit un disque éclatant de blancheur
Attention.... sur la toile immobile
Mon amateur en traits légers et vifs
Voit voltiger ces croquis fugitifs
Que reproduit un transparent fragile

---

(1) Les contes.   # 5

Il voit d'abord dans tout leur appareil
Le firmament la lune et le soleil
Bientôt après le siége d'une ville
Que précédait un combat sans pareil
Est remplacé par une danse agile.
Grotesques fruits d'un bizarre pinceau
Le nez saillant du fameux *Ramponneau*
Son gros sourcil sa moustache flottante
Le ris balourd de sa bouche béante
Viennent encor varier le tableau
Mais tout finit la jalouse bougie
Répand le jour et chasse la magie
Eanfan verra renaître ses plaisirs
Pour la quinzaine il a des souvenirs.

Puis-je oublier cette époque chérie (1)
Dont tant de vœux appelaient le retour
Rose Fanfan votre attente est remplie
Du nouvel an brille le premier jour
Enfants heureux le plaisir vous réveille
Au grand papa le couple présenté
Lui vient offrir dans son zèle excité
Un compliment bien appris dès la veille
Fanfan hasarde un début inquiet
Mais au milieu de sa brillante phrase
Sur des joujoux son regard en extase
Va s'égarer.... impatient distrait
Il s'embarrasse il va rester muet
Près d'accuser sa mémoire coupable
Déjà son front se couvre de rougeur
Il baisse l'œil le vieillard respectable
Lui tend la main et d'un souris aimable
Rend la parole au timide orateur

(1) Le jour de l'an où l'on donne les étrennes.

Pour nos enfants ne déjeûner s'apprête
De mets friands de bonbons régalés
De beaux présents de caresses comblés
En joyeux cercle ils achèvent la fête.

Le jour cinq fois éclaire l'horizon
L'usage encor par un signal aimable
A des amis les réunit à table
L'ample gâteau tribut de la saison (1)
Qu'en longues parts les convives saisissent
Va du hasard déterminer les lois
De tous les cœurs le sort prévient le choix
Fanfan est roi tous les cœurs applaudissent
Un cri s'élève et de sa majesté
En mille vœux on porte la santé
Le peuple avide attend sa souveraine
Et dans sa sœur Fanfan choisit sa reine
Nouveaux éclats nouveau ravissement
Mais d'abdiquer Fanfan voit le moment
L'heure s'avance et le sceptre éphémère
Va s'échapper de sa main débonnaire
Aux coups du sort il se soumet gaiment
Et déposant l'autorité suprême
Sur le duvet il va tranquillement
Se délasser du poids du diadême.

Un grand cadeau doit bientôt ajouter
A ses transports à sa gaité folâtre (2)
Fanfan un jour est conduit au théâtre
Il en revient empressé d'imiter
Ce qu'on a dit il veut nous le redire

(1) Le gâteau des rois.
(2) La comédie.

Il entre en scène il a pris de Crispin
La vive allure et le ton spadassin
Puis tout-à-coup de l'amant de Zaïre
Forçant sa voix altérant son regard
Il va tenter de peindre le délire.
Rose contemple il prétend qu'elle admire
Voyez sa main balancer le poignard
Ses pas pressés au hasard le conduire
Et sa fureur après plus d'un écart
Se terminer.... par un éclat de rire
Fanfan grandit de sa jeune raison
Sans trop hâter l'essor et la culture
Un art soigneux seconde la nature
Du sentiment va naître la saison
Fanfan bientôt en éprouve le charme
Par son amour un service est payé
Sur le malheur il répand une larme
Et sent déjà le prix de l'amitié
O bon Fanfan de quel heureux présage
Ton cœur sensible enrichit notre espoir
Le ciel donna des vertus à ton âge
Et sans effort leur aimable langage
Te fait chérir un facile devoir.

Fidèle au plan qui borne mon ouvrage
Je n'irai point de Fanfan précepteur
Vous le montrer expliquant son *auteur*
De ses calculs remplissant mainte page
Ou sur la carte indécis promeneur
Du globe entier poursuivant le voyage
Mais d'un *congé* la séduisante image
A mon pinceau demande la couleur
Dans le verger dans la plaine riante
Suivez amis cette troupe bruyante

Voyez Fanfan sans regret sans ennui
Les dons divers de Pomone et de Flore
Ces bords charmants que l'ombrage décore
Le ciel les eaux l'univers est à lui
Nos étourdis d'une ardeur empressée
Sont accourus sous cet épais berceau
Là de leur poids une corde pressée (1)
En son élan réglé par son fardeau
Va les porter dans les airs balancée
Bientôt après sous les mêmes ormeaux
Dans cette allée où des gazons nouveaux
Marquent le but et ferment la carrière (2)
Vous les voyez impatients héros
Disposer tout pour la course légère
Le prix est là chacun doit concourir
Mais ce laurier Fanfan va l'obtenir
Il réunit la vigueur à la grâce
Leste rapide il défie il surpasse
Tous ses rivaux forcés de l'applaudir
O mes amis qui de nous ne regrette
Cet âge heureux où sans peine on rachète
Cinq jours d'ennui par un jour de plaisir
De trois moissons s'enrichit la nature
Et trois hivers ont obscurci les cieux
De mon héros achevons la peinture
Un peu moins vif un peu plus sérieux
De graves soins ses habits sa coiffure
Vont l'occuper son maintien gracieux
Devient plus calme et se compose mieux

---

(1) L'escarpolette.
(2) Les barres.

Il veut briller aux yeux de Therpsichore
Sous l'œil de l'art il dessine ses pas
Entre Aglaé Chloris et Léonore
Il a vu Lise il ne balance pas
Effet trop sûr d'un instinct qu'il ignore
Il la revoit il la préfère encore
Du moindre geste il se montre jaloux
Son cœur la nomme il tombe à ses genoux
Ma plume tremble et s'échappe affaiblie
Ah c'en est fait l'orage est déchaîné
Des passions le langage a tonné
L'enfant n'est plus et ma tâche est remplie
Lorsqu'a tes pas un sentier périlleux
Vient de s'ouvrir ô toi pour qui commence
D'un ciel nouveau la brûlante influence
Tu fuis déjà le peintre de tes jeux
Emporte au moins ses regrets et ses vœux
Dans la carrière où ton ardeur s'élance
Chéris toujours l'âge de l'innocence
Et souviens-toi qu'il te rendit heureux.

M. RABOTEAU,
Membre de la Société Philotechnique.

FIN

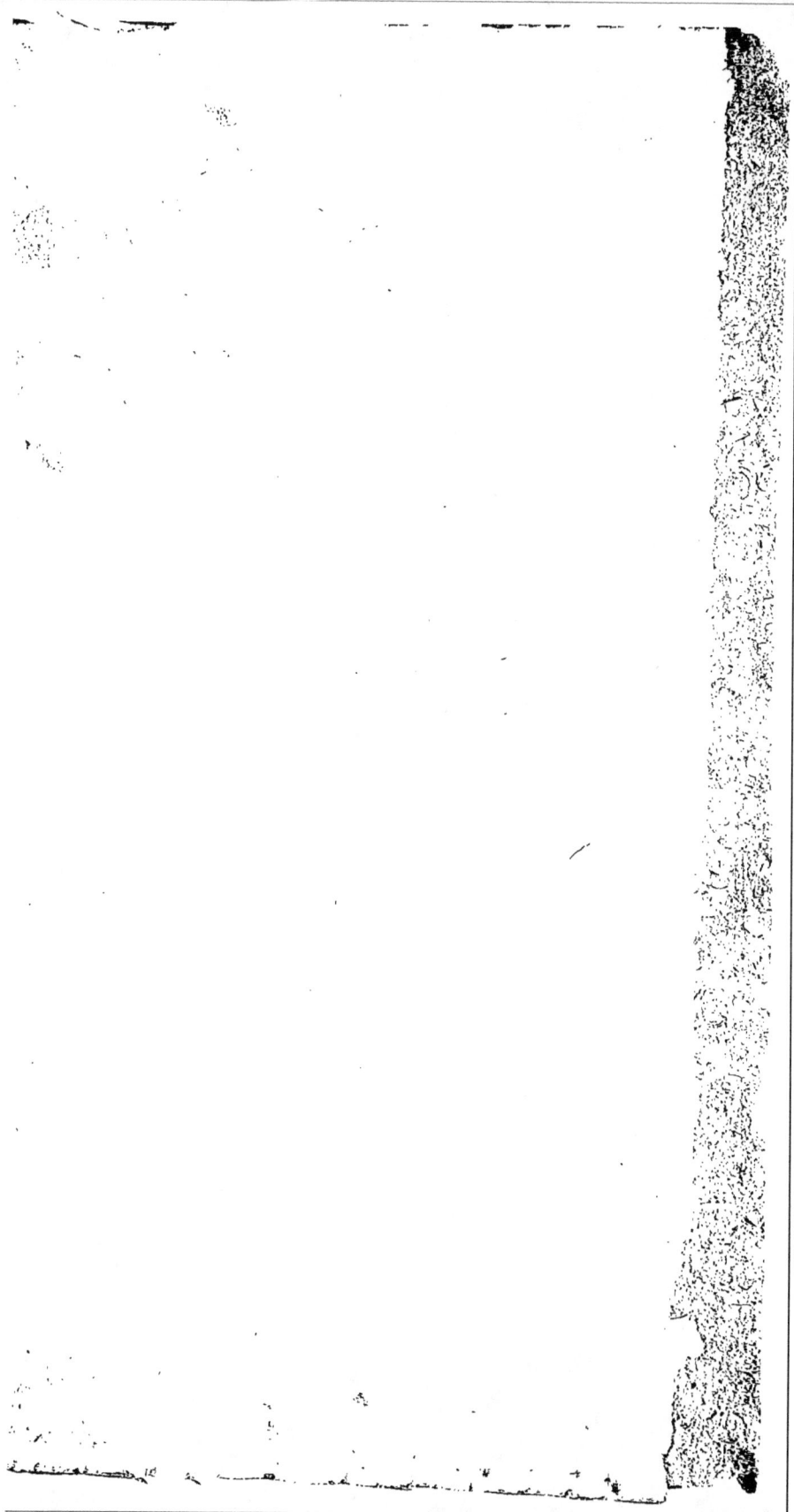

www.ingramcontent.com/pod-product-compliance
Lightning Source LLC
Chambersburg PA
CBHW052050270326
41931CB00012B/2706